Catcher

一如《麥田捕手》的主角，
我們站在危險的崖邊，
抓住每一個跑向懸崖的孩子。
Catcher，是對孩子的一生守護。

◀ 心理師親授的210個誠實力指南 ▶

為什麼孩子要說謊？

王意中心理師

【推薦序】

我們要理解孩子說謊背後的「動機」

文◎陳安儀

有一次，我在演講的時候，有一個幼稚園小朋友的媽媽一臉疑惑地問我：

「安儀老師，我從來沒有要求女兒考一百分。但是，前幾天，女兒的老師竟然告訴我，在練習珠算的作業時，女兒偷偷把後面的答案翻過來，墊在題目底下抄寫。我告訴她，這叫做『作弊』，是一種說謊的行為。問她為什麼要這樣做，她卻矢口否認。我不明白，她為什麼會這樣？」

還有一次，另一個媽媽苦惱地來找我：

「安儀老師，我的兒子常常從學校拿回來一些不屬於他的東西，比方：橡皮擦啦、文具啦……等等。我告訴他，不經過別人的許可就擅自拿取別人的財物，就是『偷』，這是不可以的。他明明知道，但是還是常常這樣做。我罵過、打過，甚至威脅要找警察把他抓去關……但是都沒有辦法遏阻他的行為。我很害怕他將來變成慣竊、小偷，怎麼辦？」

此外，孩子的大小謊言尚包括：推諉塞責、做錯事死不承認、一遇到父母詢問就先說：「我哪有？」「不是我！」要不然就是裝著一臉無辜，連三歲的小孩都可以「演很大」，令人嘆為觀止！

這些令人頭疼的品格問題，說大不大、說小不小，常見的狀況還有：竄改聯絡簿、假傳聖旨、黑的說成白的、誇大不實、愛吹牛皮……往往讓父母傷透腦筋，不知道該如何是好。

「我知道孩子說謊，就是害怕父母、老師責罰。但是，難道為了要讓他保持誠實，他犯錯的時候，我們就不要處罰他、責罵他？那豈不是讓他養成認錯道歉就不用負責任、可以一犯再犯的習慣？」

沒錯，對付孩子的「說謊」，確實是一門大學問。然而，這些問題其實也沒有表面看起來那麼難，最主要的是，我們要理解孩子「說謊」背後的「動機」。

比方說：作弊，為的是拿到好成績；除了不受責罰，也是希望得到肯定。因此，如果我們能夠在孩子「努力的過程」中便給予正面的肯定，而非拿到一百分時才大加獎賞，自然就能夠引導孩子養成正確的學習態度，而不需要去作弊。

比方說：偷竊，背後的問題有可能是「引起注意」，也有可能是「欲望沒有滿足」。因此，與其責打、標籤化孩子，不如教導孩子如何一步一步用正確的手段達到欲望，讓他有機會用「合法」的方式取得想要的東西。

本書清楚地以孩子常見的問題舉例，教導父母探查孩子謊言背後的動機，找到孩子行為問題的真相，再配合運用一些小技巧，矯治孩子各式各樣的說謊問題，簡單清楚，非常實用，在此推薦給大家。

【推薦序】

其實我比女兒更慌

文◎寶爺（梁嘉銘）

大約八年前，當我的大女兒兩歲多時，我第一次發現她對我說謊。

我當時簡直無法置信，眼前這個我一直以為的小天使，為什麼此刻手上會拿著小惡魔的叉子戳破自己的誠實？

是誰！誰引誘她的？

叉子是誰拿給她的？

膽子是誰借給她的？

那時我也不能免俗地問了一個非常俗氣的問題：「你為什麼要說謊？」

大女兒也不能免俗地給了我一個超俗氣的回應：「我不知道啊……嗚嗚嗚～～」

剛上路的新手爸爸氣到了，剛報到的新手女兒嚇到了。當下大家其實都沒啥理性，一個只想討個說法，一個腦子裡根本沒想法。

我還記得最後的場景是我奪門而出，自己跑到房間掉眼淚，女兒也傻在房間抽咽著。我的太太兩邊跑、兩邊安撫著。（嗯～太太真忙，金拍謝。）

等到激情過後，大家情緒都平靜下來，我們一家三口終於一起坐下來好好地聊了聊這件事的來龍去脈，以及背後的原因，把心攤開，把話說開，一起禱告。

這是有關孩子說謊，我所學到的第一課。

其實我比女兒更慌。

大概從盤古開天時我們大人就一直在為「孩子為什麼會說謊？」這件事找答案。

其實，只要想想：「我們大人為什麼會說謊？」答案或許並不難，因為大人也曾經是孩子，只是我們健忘了。

很高興看到王意中心理師在這本書裡，從各種角度去探討「說謊」這個行為，沒有太多預設立場，更多的是用冷靜細膩的方式和閱讀者探討其成因、後果、影響，乃至於這個行為的背後意義。

如此的條理式分析，對很多身陷這個混亂世代的父母無疑是不小的救贖。

透過這本書，我們會發現原來還有很多事情我們沒想到，有很多視角我們沒有看到，有很多特別的聲音我們一直沒有聽到……最重要的是有一些心理上的專業，我們從來沒有學到！

很多時候「與孩子的衝突過去了，但沒有解決」，導致各種狀況一再重蹈覆轍，父母與孩子之間不停拿著過去的傷害繼續互相創造新的傷害，時間一久，索性各自築起一道心理的防衛高牆，最終漸行漸遠……

在這個面對與處理的過程中，沒有人可以置身事外，尤其我們父母更是責無旁貸地要擔負起主動學習、循序引導的責任。在惱人的狀況來臨之前，先讓我們自己建立起正確的觀念，準備好冷靜友善的態度，當衝擊來臨的那一天，我們就能牽著孩子的手，從容不迫地繼續前行，對彼此不失去美好的盼望。

現在就有一個專業的心理廚師把各個原料分門別類，做成一道又一道的好菜端上桌，我們伸手拿筷子夾，往嘴裡送就可以了。

但別忘記，要細嚼慢嚥，只有足夠的咀嚼才能讓好菜的味道口齒留香，回味無窮，慢慢地吞嚥，才不會消化不良。吃下的東西，吸收了才算數；看過的東西，留在心底才有價值。

看完我簡略的說明，您準備好了嗎？

作者要上菜囉～～

【自序】

說謊與誠實的曼妙共舞

在臨床實務的現場，許多父母與老師經常抱怨：「現在的孩子很難教！」但我發現一件事，難教的原因往往在於對孩子來說，大人總是「說是一回事，做是一回事」。最顯而易見的，就是我們經常在呼籲品格教育，但孩子在生活之中、校園裡、新聞畫面上，總是被浸泡在「假」的現實世界裡而困惑。

當孩子面對眼前的問題或壓力，但大人卻不值得信任時，孩子就會不想跟你說。或者乾脆編個謊、圓個謊向你說。而親子之間的距離也就愈來愈偏離，關係的衝突也就愈來愈明顯。因此，在《為什麼孩子要說謊？——心理師親授的210個誠實力指南》這本書裡，我將和你分享四十個在孩子成長過程中，你可能遇見關於說謊與誠實的生命故事。

在誠實的這門學問上，讓我們與孩子共同練就以下的各項功力，這些功力包括：**①面對自我、②解決問題、③規範與界線、④真誠與坦然、⑤信任與接納，**

以及⑥身教與示範。讓大人不斷地自省、覺察與孩子之間的關係，適時進行關係的調整與修正，同時讓孩子感受到誠實就像一粒珍珠般的璀璨。

誠實第1部：激勵面對自我的勇氣

關於孩子的說謊，請先別太急於套上道德的枷鎖。說謊，多少告訴著我們，孩子選擇了逃避與迴避眼前所需要面對的事物和自己的關係。誠實，就像一面晶瑩剔透的鏡子，擺放在孩子的眼前。只是，孩子是否具備足夠的勇氣來面對鏡中的自我？這件事情的重要性，在於培養孩子隨時進行自我覺察、自我檢視，以清楚地了解，自己的內在想法是如何透過言行舉止表現出來，同時，是否能夠維持內、外在的一致性。透過說謊與誠實的對話，讓自己更熟悉與接納現實中的自己。

誠實第2部：提升解決問題的能力

每件事情都有孩子所要傳達的訊息。說謊，也是如此。從孩子的說謊行為，也讓我們有機會來了解，在孩子日常生活與校園學習裡，當面對壓力與問題橫在眼前時，孩子是否具備了充分、合理、成熟、沒有負作用的解決模式與能力。

說謊，是一種問題解決模式。甚至於對孩子來說，有時說謊反而是最為快速、便捷、直接、有效的模式——雖然，孩子可能常自動忽略說謊可能伴隨的後果與代價，及掩飾了自己解決能力不足的問題。因此，透過對說謊與誠實的了解，也讓我們思考如何和孩子腦力激盪，找出解決問題的方法。

誠實第3部：遵守規範與界線的智慧

孩子的成長，不會是一條筆直、平坦而寬廣的道路。說謊，多少也在提醒我們，孩子這輛「新手駕駛」的車，在言行舉止的拿捏上，往往不知不覺就偏離了道路，而逾越了社會的規範與人我的界線。孩子的自律，並非隨著年齡的增長就自然而然會升等。仍然需要父母不時在教養上，進行修正、調整，以讓孩子的自我控制行為隨時儲值存入成長的智慧卡。規範與界線，對孩子是一種保護自己和尊重他人的能力。

誠實第4部：擁有真誠與坦然的關係

孩子很純真，但社會很複雜。特別是在說話上，有些孩子常不假思索，未經修飾便脫口說出他們認為真實，卻容易讓他人受傷的話；當然，這對總是強調說話要誠實的父母來說，往往陷入兩難的尷尬困境。而在另一方面，則可能出現孩子隱瞞、沉默、出了狀況沒人承認，而讓大人不知所措的情形。孩子的真誠，需要被珍惜與維護。說話，沒有標準答案，也沒有一定得怎麼說。但說話可以不失真誠，考量對方的感受，潤飾、調整自己的表達方式。同時，要讓孩子感受到說話可以坦白心安、輕鬆自在、處之泰然，而不需耗損自己的心力。

誠實第5部：拉近信任與接納的距離

信任像是一條線，維繫著親子關係的緊密度。有時，父母賦予太多的期待，將太嚴苛的道德標準加諸在孩子身上，對孩子「純淨無瑕」的不合理要求，往往不自覺地讓疏離，橫在親子之間，拉大信任的行距。使得父母對於孩子的行為無法接納，更難以細細閱讀「孩子」這本書。我常常在親職講座過程中，提醒父母一件事：「對於眼前的孩子，你是否熟悉？」看待孩子或自己的教養，請試著拋開「不是好，就是壞」的二分法迷思。接納孩子所有的存在，釋放對於孩子的信任，親子關係的緊密度會更加牢靠。孩子心中有話，才比較容易向你說。

誠實第6部：建立身教與示範的標準

親子關係最大的殺傷力，就是爸媽說一套，做一套。對孩子總是要求，但自己卻也常常做不到。身教，是最有力量的身影。而你的示範，讓孩子見識到言行一致，他也比較有所遵循。我們都希望孩子誠實，卻往往不經意地透露出，大人總是在說謊。我們都希望孩子能夠學會認錯，自己卻也老是支吾其詞，一堆理由。親子教養有一個不變的最大原則——如果你不希望孩子出現某個行為，那麼你自己就不要做出這個行為。說謊，也是如此。試著讓自己表現出勇於認錯，展現出對自己的行為負責，別給自己太多合理化的理由。在日常生活的伸展台上，優雅地秀出你誠實的曼妙姿勢與身影。

感謝寶瓶文化朱亞君社長兼總編輯長期的支持，讓我有機會持續將自己多年來在早期療育、兒童青少年心理諮商與治療、父母親職教養與校園心理諮詢等臨床實務，以及自己的實際生活體驗，透過文字和身為讀者的你共同分享。

謹將此書獻給在蘭陽平原上，我親愛的老媽、老婆與姵涵、翔立、涵立三好米寶貝。

目錄

為什麼孩子要說謊？

目錄

為什麼孩子要說謊？

誠實第6部
建立身教與示範的標準

提升誠實力的210個祕訣指南

【遵守規範與界線的智慧】

【擁有真誠與坦然的關係】

第1部 誠實

激勵面對自我的勇氣

問題一【寫自修抄答案】說謊，孩子的生存之道？

現在的孩子很忙。

有許多的大小事等著他做：應該做的事、你期待的事、不相干的事、做錯的事、一直未做的事、想做卻不能做的事、不被允許卻偷偷做的事、糊裡糊塗的事、不會做的事，還有永遠做不完的事。

面對這麼多的事，孩子自然而然想省一點事。

就以在家寫自修來說吧！一向是「爸媽期待，孩子不愛」。當你把自修拋給孩子，他的臉馬上就垮下來。

孩子通常有類似的抱怨：「回家作業都寫不完了，電視卡通很少看，3C也不能玩，幹嘛還要寫什麼自修？簡直是自找麻煩。而且安親班的評量考卷還沒算進來呢！」

但父母還是衷心期待孩子在家裡，能多練習寫自修。既然是「自修」，很多爸媽便索性放手讓孩子自己寫。放手，多少也釋放出了對孩子的信任。

但微妙也就在這裡了，許多自修很貼心地在後面附上解答篇，這也考驗著孩子要不要隨手翻閱參考。

誠實，總是在這些細微的事物中，悄悄質變。

寫自修，抄答案，在成長過程中，孩子們多少都走過這一段。沒辦法，誰叫自修常是多餘的任務，而且後面的解答太誘人。

你試著相信孩子，全然地放手，深信他會對自己的行為負責。但孩子一拿起自修，就很自然地隨手翻到後面的解答篇。如果平時有練「手感」，更可以迅速翻到參考頁數，然後直接抄抄抄，使勁抄抄抄，不動聲色地抄抄抄，沒有意義地抄抄抄……當然，這個動作得小心翼翼，不能讓你瞧見。

而當你問：「自修寫了沒？」他便直接回應：「我已經寫好了。」

說謊，成了孩子的生存之道。對於不喜歡做的事，孩子可以立即找到替代的生存方式，讓自己好過一些。就像寫自修時，直接抄答案比較快，雖然沒練到腦力，但多少也練了手力。

練習寫自修，反成了部分孩子投機取巧、說謊的跳板。我想，這是許多父母始料未及的。

沒有人喜歡孩子說謊，當然也不希望孩子說謊。畢竟現在的品德教育愈來愈岌岌可危，我們怎能讓孩子成為道德崩落的那一塊！

面對自我的祕訣指南

祕訣001　將題目與解答分流
祕訣002　破解謊言密碼
祕訣003　感受孩子的需求
祕訣004　扮演靈敏的辨識高手
祕訣005　強化誠實的反應

祕訣001

將題目與解答分流

要破解「抄答案」這個不當行為，最直接又簡單的方式，就是技術性地把解答篇先撕下來，另外保管，這樣爸媽就沒有後顧之憂。少了解答在後面的誘惑，當然也降低了孩子投機取巧或撒謊的機會。

只不過，**這個「撕下來」的動作，也暗示著我們對孩子的誠實有所存疑。**

祕訣002

破解謊言密碼

我常在想，為什麼孩子不透過其他方法來解決問題，而甘願鋌而走險地以投機取巧加上謊言，來逃避他厭惡的事物？

我始終相信，孩子的每個舉動，多少都有他所想要傳遞的訊息，投機取巧與說謊當然也一樣。以回家寫自修這件事來說，當發現孩子抄答案時，請試著先讓自己沉澱，少安勿躁。生氣只會礙事。

請你冷靜想想：孩子這個行為的背後，到底想要告訴我們什麼？並試著把球拋回給孩子，問他：

「不寫自修，抄答案，你是想要對我們說什麼？」

「說謊、不承認，你又是在擔心什麼？」

「你認為爸媽應該怎麼做，下回你才會自己寫自修？」

請給孩子一些思考的機會。

祕訣003

感受孩子的需求

如果我們能**停下來，好好聽聽孩子的需求**，釐清是否因為自修的題目太多、時間太少、體力不濟、概念不通……進而做出修正、微調，尋求改善的方式，我想，可以預防孩子形成投機取巧的心態，避免說謊。

相反地，若孩子反映了想法，爸媽卻聽也不聽就斷然拒絕，甚至照樣堅持「回家就是要寫自修」，孩子會覺得自己的表達與感受被忽略了。親子之間無法溝通，但日子還是得過，不圓個謊博得爸媽信任，說真的沒有好日子可以過。

維持誠實的美德需要親子同步，不該是孩子一個人的事。

祕訣004

扮演靈敏的辨識高手

我常認為孩子就像個熟練的精算師，會對眼前的說謊行為進行成本效益分析，對於你的反應仔細地評估試算過。至少在短期來看，說謊是一行穩賺不賠的生意。

說謊，是否會上癮？雖然孩子也擔心謊言被拆穿，但如果這麼做常常能使他「趨吉避凶」，不讓你發現事實，說謊上癮不是不可能。

孩子多少會仔細盤算被逮到的機率大不大，逃得過一次算一次，說不定最後結算下來還有得賺！說五次謊，只被拆穿了一次，這門生意當然好做。

既然孩子是精算師，那麼，**我們也該提高自己的敏感度。**面對身為辨識高手的爸媽，孩子多少比較不敢說謊。

祕訣 005

強化誠實的反應

孩子做錯事時，重點並不在如何處罰或要讓他承擔什麼後果，而是在於**引導孩子修正先前的行為，以降低可能犯同樣錯誤的機率。**

當孩子承認自己做錯事，並且說了實話，卻仍然換來爸媽的處罰，他可能會想：下一次乾脆鼓起勇氣，臉皮厚一點，說不定沉住氣，撒個謊矇騙過去反而沒事。

說謊，有時能夠讓孩子在犯錯之後，迴避被處罰的命運，有時則可能是一種手段，幫助他獲得禮遇，迅速過關，得到自己想要的。

說謊的威力就是這麼強大，對於誠實具有極大的威脅性。

我們必須時時提醒自己：誠實，是需要被強化、被回饋、被肯定的。如果期待孩子勇於承認錯誤，我們也應該給他善意的回應。

問題二

【不帶聯絡簿回家】因為「我忘了」？

在校園服務的經驗中，常遇到這樣的狀況：孩子故意把聯絡簿放在教室抽屜裡面不帶回家，卻老告訴爸媽是自己「忘了帶」。爸媽難免會疑惑：「把聯絡簿放進書包裡，不是每天放學前都應該要做的事嗎？怎麼會忘記？」

這種事發生的次數多了，許多爸媽忍不住開始擔心：「這孩子是不是專注力有問題？不知道跟他說了多少遍，卻還老是忘記把聯絡簿帶回家！」一旦類似的疑慮浮現，孩子有可能被父母帶往兒童心智科或兒童精神科做評估。

只不過，千錯萬錯，可不見得都是專注力的錯喔！

特別是當孩子選擇「故意不帶回」時，當然和專注力八竿子打不著。

然而話說回來，「故意」，總該有個理由吧？

最常見的就是在學校犯了錯，被老師寫在聯絡簿上。

看著彷彿呈堂證物的聯絡簿，孩子難免會猶豫起來：「拜託，把聯絡簿帶回家？你忘了導師在上面寫的那些？帶回家給爸媽看，找打喔？老師也真愛小題大作，我只是在掃廁所的時候玩個水，讓那個急著要上廁所的倒楣低年級生滑倒，又沒有什麼……」

自己在班上三不五時出狀況，老師又總是愛向爸媽告狀，把聯絡簿當訴狀在寫，那當然不能把聯絡簿帶回家，免得自找麻煩。

再不然，就是他今天不想寫作業。聯絡簿沒帶回家，就可以找理由說「不知道有什麼作業」。

孩子不把聯絡簿帶回家，你到底該怎麼辦？

面對自我的祕訣指南

祕訣006

引導孩子記錄心中的對白

「放？不放？放？不放？放書包？放抽屜？放抽屜？放書包？……」

這樣的掙扎總是在孩子心裡拉鋸著，就像白天使與黑魔鬼在交戰，其實，他也很不好受。

我們要協助孩子明白，當他的內心啟動「左左右右」的焦慮模式，開始出現猶疑不定的自我對話時，心情也會像棉花糖製造機一樣高速旋轉，最後形成焦慮的棉花糖。

運用「自我覺察」，將有助於孩子了解自己的行為模式是如何產生的。我們要讓孩子看見的，正是說謊背後那些「幕後工作人員」的一幕幕對話——它們就是要人選擇面對的白天使，及催促人逃避的黑魔鬼。

引導孩子寫下心中的對白，記錄自己的內在對話。他將發現自己就是個最佳編劇，進而了解為什麼自己最後會決定誠實或說謊。讓他知道原來每個行為的背後，都有一段動人的故事。

祕訣007

避免學校、家裡雙重處罰

我們要**留意是否有「雙重處罰」的情形，使得孩子產生刻意不把聯絡簿帶回家的動機**。例如在學校犯了錯，已經被導師處罰得多掃一個禮拜的廁所，但是因為這件事被寫在聯絡簿上，回家之後爸媽知道了，會不會又罰他一次？如果答案是「會」，孩子當然會選擇不把聯絡簿放進書包，這樣一來就什麼事都沒有了。

當然，孩子在學校犯了錯時，導師有義務把過程、細節及處理的情況告訴家長。但目的是讓父母掌握孩子的在校狀況，而非要爸媽在家針對同一件事，再修理他一次，畢竟事情是在學校發生的，而且孩子也已受到了導師給予的處罰。

祕訣008

後果別超重

孩子做錯了事是該承擔責任，面對自己行為的後果，這一點毋庸置疑。然而，這個「後果」是否有效，或者能夠發揮多少作用，則取決於孩子所在意的事——可能是產生了令他嫌惡的結果，或喜愛的權利被剝奪。

大人在對於「後果」的處理上，有時傾向加碼、再加碼，超重、再超重，認為這麼做，孩子應該就會怕；怕了，下回就不敢了。

但是**物極必反，當後果超重時，常常容易激起孩子的說謊誘因。**既然代價太大了，他乾脆閃躲責任或肇事逃逸，甚至於「逆向超車」，反而發生意外。

讓孩子面對犯錯的後果的確有必要，但執行的做法請合理。

秘訣 009

防止孩子推託

關於孩子刻意「忘記」帶聯絡簿回家這件事，爸媽在處理上的確要謹慎，**避免太快將原因歸咎於專注力缺陷的生理問題。**一旦連結到這點，孩子往往就雙手一攤，理直氣壯地告訴你：「這又不是我能控制的。」

在臨床服務中常見到，有些孩子乾脆把責任歸咎於自己的專注力問題，如此一來，老是忘記把聯絡簿帶回家就變成了天經地義的事。「沒辦法，誰叫我是過動兒？我就是很容易忘記嘛！」這是很常見的推託之詞。

如果遇到孩子拋出這樣的理由，我通常會二話不說地直接請他打電話問同學功課，讓他對自己負責。對於回家功課，我的看法是只要在孩子的能力範圍內，老師今天出的作業，就是自己的責任。

很抱歉，該寫的作業，不會因為你沒帶聯絡簿回來就不用負責。

秘訣 010

為孩子加滿勇氣鋼瓶

試著站在孩子的立場。

這是很基本的同理心演練，但請別光說不練。

試著去體會當孩子犯了錯，面對眼前殺氣騰騰的爸媽時，他那種害怕、畏懼的心情。這叫他如何能脫口而出，坦白一切？

要坦承一切，真的需要勇氣。但我們是否在平時便已幫孩子準備好了這一瓶「勇氣鋼瓶」？

同時，請定期檢查孩子的勇氣鋼瓶是否有加滿氣——特別是我們幫他加的勇氣，而不是你的一肚子氣。

祕訣 011

在學校，舉手之勞再確認

為了有效預防孩子刻意不帶聯絡簿回家，啟動親師之間的聯繫與合作是相當重要的事。**親師溝通愈緊密，孩子就愈難找到插針的縫隙。**

請老師舉手之勞幫個忙，放學前特別盯一下孩子，甚至來個全班統一行動，一一把要帶回家的聯絡簿、作業、評量、學習單等高高舉在手上，再一一放進書包裡。

多一道防護，少一道謊言。

問題三
【不是我做的】明明做錯事卻不承認？

「是誰忘了關水龍頭？」可能有許多爸媽為了這件事在家裡大聲咆哮吧！但接著往往發現，客廳裡的孩子們鴉雀無聲，沒有人要承認。

你問：「姊姊，是不是你忘了關？」她猛搖頭。

轉過頭問：「弟弟，是不是你？」只見他直揮著手說：「不是我！不是我！」

你忍不住想：「見鬼了！家裡就兩個孩子，不是姊姊，也不是弟弟，那是誰？」

「說，到底是誰忘了關水？」我在家也很容易問類似的話。這件生活小事看似細微，卻能夠觀察到孩子的典型反應。

有意思的是，明明已經預期沒有人會回應了，我們做父母的卻又老愛問。當你扠著腰，臭臉指數破表，伴著怒氣的視線橫掃過孩子，同時撂下狠話：「好，很好，你們不承認是不是？」縱使讓孩子猛吞口水，臉色瞬時轉白，驚嚇指數飆高，但還是沒有一個人要承認。

面對這種狀況，我們多少會按捺不住心中的怒氣，繼續脫口說出：「你們仔細聽好：到底是誰忘了關水龍頭？說實話，我、不、會、生、氣！」然而嘴巴說不生氣，語氣倒是挺嚇人的，誰敢承認？

於是，你使盡全力把帶有魚尾紋的雙眼睜到最大，左手扠著腰，右手食指指向孩子，加碼再說一次：「我現在一、點、都、不、生、氣！是誰忘了關水龍頭？」

我猜還是沒有人要承認。

我常常在想，孩子的小腦袋瓜裡，很容易自動開啟一種「成本效益評估系統」的裝置。承認／否認，否認／承認，不斷交錯。孩子會依照過去的經驗法則，在最短的時間內做出決定。

演講時，我常常跟聽眾分享一件事。當孩子做錯事情時，最高招的回應方式就是一句話都不說，讓你問不下去。這種閉門羹，我在家裡偶爾也嘗過。

第二高招，就是一句話重複否認到底。無論你怎麼問，他就是一律制式回答：「不是我！」其實孩子要說出這句話也需要一些勇氣，你可以發現孩子的手很本能地往褲子一抹，想要把手擦乾，湮滅證據。

「真的不是你？」「不是我！」「真的不是你？」「不是我！」「真的不是你？」「不是我！」……在這個時候，你會發現親子之間的對話陷入迴圈，勝負難分難解。

當孩子做錯事卻不承認，爸媽該怎麼辦？

面對自我的祕訣指南

祕訣012 砍掉重練，改變對話方式

祕訣013 讓責罵成為往事

祕訣014 練習情緒歸零的基本功

祕訣015 小心指名道姓的反作用力

祕訣016 微笑是強效催化劑

祕訣017 自我提醒的腦力激盪

祕訣 012

砍掉重練，改變對話方式

面對親子關係陷入僵局，不如就砍掉重練吧！

貼心地提醒你：**爸媽優先調整自己的做法，是讓孩子改變的最快速方法。**重新尋找逆轉點，改變一下對話方式，來軟化孩子的態度。讓他學習負責、勇於承認。畢竟，親子之間不是要拚個你死我活。

祕訣 013

讓責罵成為往事

當你發現孩子忘了關掉水龍頭，讓自來水白白直流，的確會讓人捶胸頓足、咬牙切齒，心疼心痛啊！望著水費單，你眉頭深鎖、搖頭嘆息，畢竟流去的自來水已經無情地不回頭了。

但縱使你再用力地皺眉，那些逝去的水也喚不回。更何況是對孩子生氣呢？「沒罵一罵，孩子怎麼會乖？下次水龍頭怎麼會關？」你可能會這樣想。罵如果有效，一切大概都不是問題了。但說真的，罵的作用真的不大。先讓自己把「責罵」這張牌先收起來吧！**有時你不罵了，孩子反而覺得新鮮。**

秘訣014

練習情緒歸零的基本功

讓自己浮躁、易怒的情緒先歸零吧！

這是基本功，需要練，而且每天無時無刻反覆練。

讓心情保持淡定，讓自己的思緒清晰些。這是想要順利澄清問題（到底是誰忘了關水龍頭？）、解決問題（做錯事就承認、將孩子未來再犯的機率下降）所必須維持的最佳情緒狀態。

再次提醒，易怒總是礙事。別讓你的咆哮喚起孩子的否認，縱使孩子已經踩到你的生氣底線。先試著調整親子互動方式，讓孩子感受到你的改變，會有助於孩子坦然承認錯誤。

秘訣015

小心指名道姓的反作用力

不要直接指名道姓地問：「是不是你忘了關水龍頭？」**縱使孩子忘了關，但如此直接地拋出質疑，很容易讓他本能地豎起「不是我！」的強力盾牌，造成反效果，**特別是當現場還有其他人在的時候。

維持顏面，是孩子必須守住的最底線。因此，他堅決否認到底也可以想見。

祕訣
016

微笑是強效催化劑

微笑，讓自己淺淺地微笑。

你可能正在想：「這怎麼可能？水在流耶！」沒錯，但是若想要優雅地化解眼前的問題，請輕輕微笑，輕輕地。

試著輕聲細語，不要讓孩子覺得是有人做錯事了。

「剛剛洗手的人過來一下，請幫忙關一下吧！」讓孩子不會直覺到忘了關水龍頭是多嚴重的一件事。當然，養成隨手關水的習慣很重要，但**道理請擺在平時彼此心平氣和的時候，再和孩子說。**

或許當你的話一說完，孩子可能就不好意思地趨前將水龍頭關上。這一剎那，答案就自動揭曉了。你的孩子願意坦承自己的疏忽、錯誤。

別忘了，我們的咆哮免不了會引起孩子的否認。**對於孩子犯錯，先試著輕鬆看待吧！請用微笑來化解孩子的心理防衛。**

祕訣
017

自我提醒的腦力激盪

當孩子自己承認忘了關水之後，你可以**引導孩子一起來腦力激盪，想想自己如**

何能記得隨手關上水龍頭。

「就像兩個人在比腕力，下次我洗完手之後，也和水龍頭來比手力。用力轉，讓它動彈不得，KO（被擊倒）出局！」

「請呵護水龍頭，別讓它在我們離開之後繼續流淚。」

「洗完手，請含情脈脈地看著水龍頭，等它擦乾了眼淚再走。」

和孩子一起天馬行空地創造出有助於「自我提醒」的句子，多多益善。

問題四
【別叫我模範生】模範生就不能犯錯嗎？

我自己從來沒當過模範生。

倒是孩子在班上透過同學投票表決，當了幾次的模範生。每回孩子回家後，靦腆地告訴我：「爸爸，我又被選上模範生了。」除了替他感到高興、給予他肯定之外，我心想透過民主機制由班上小朋友票選的結果，多少也顯示了孩子在班上的人緣應該還不錯，能獲得同學的認同。至於每個孩子認同到什麼？那就不得而知了。

只是，在我心裡常浮現一個想法：「什麼是模範生？」

我想孩子自己也不一定知道。

有時看著眼前的孩子，我不自覺地想著：「他自己真的想當模範生嗎？」「模範生對他來說是什麼意義？」「模範生對他是否會成為一種負擔，被別人冠上更多的期待？」

或許你會不解地拋出疑問：「不就是因為孩子表現良好，才會成為班上的典範，當選為模範生？這不是許多小朋友都求之不得的榮譽嗎？可不是每個人都有的喔！每學年，班上可能就只有一位耶。」

關於「模範生」，誘發我思考的是：大人允許孩子犯錯的尺度。

為什麼模範生就「一定要……」、「應該要……」、「必須要……」？這是我在意的一點。不僅模範生，就連我們期待的「乖」孩子、「好」孩子，我們是否也不知不覺地要求他「一定要……」、「應該要……」、「必須要……」？

這些不合理的要求，往往容易讓孩子感到喘不過氣。

關於「模範生」，催化我思考的是：孩子是否能夠自在地做自己。

從小，無論家人、老師、同學或鄰居的大人，總是把我設定為「好孩子」、「乖孩子」般對待。雖然我也盡可能地維持這種好印象，但說真的，我心裡有些排斥。

好孩子、乖孩子，讓自己總是有一種感覺，覺得是為了爸媽活、為了老師活、為了同學活、為了一些莫名其妙的人活，而做出他們期待的表現。真的是慢慢到了現在這個年紀，心裡隱藏許多年的那個沉默的聲音，才不時呼喚著：「我只想要做我自己，真正的自己，一個偶爾也會說謊、犯錯的自己。」

我也想無傷大雅地小小使壞一下。

我從來沒當過模範生，我也不會老是跟孩子強調「你是模範生」。

很慶幸，還好，我從來沒當過模範生。

面對自我的祕訣指南

祕訣018 移除高規格的眼光

祕訣019 允許孩子有犯錯的權利

祕訣020 破除「完美小孩」的魔咒

祕訣021 孩子也有喘息的需要

祕訣022 就事論事給肯定

祕訣 018

移除高規格的眼光

模範生有時像走在金馬獎頒獎典禮的紅毯上，一舉手一投足，很容易成為眾人的目光焦點。但並不是每個孩子都希望鎂光燈聚焦在自己身上，被高規格對待，言行舉止被放大檢視。孩子又不是明星、公眾人物，只是小朋友。高規格的眼光太犀利，就像在黑暗的房間裡滑手機，強光直射，有礙視力。

無論如何，**模範生也還只是個孩子，仍然在不斷嘗試錯誤的學習中成長**。太高的設定標準，太完美的期待，太過於嚴苛的對待，對模範生小朋友，實在太沉重。

請移除這些高規格的眼光，請將視線調整至合理的對待。

祕訣 019

允許孩子有犯錯的權利

每個人都會犯錯，所以**不要期待模範生、好孩子不犯錯**。

不犯錯？這一點連我們大人也做不到。

我們需要適時地聆聽孩子心裡的吶喊：「請給我一些犯錯的權利，請允許我有一些些小壞。」

孩子可不可以壞？要看你如何定義這個「壞」。

如果孩子的壞是小壞，無傷大雅的小壞，不妨礙別人的小壞，讓自己心情好一些些的小壞，你是否可以接受？特別是當孩子被（迫）選為模範生之後。

請允許孩子有限度的小壞，不傷害別人的小壞。因為，我們自己也如此期待。

祕訣 020

破除「完美小孩」的魔咒

模範生的光環，對孩子來說反而像個魔咒，讓他的行為被壓抑，內心無法自由自在地解脫。

完美，有時是很可怕的詞，讓人身心受到束縛，無法掙脫。

千萬別認為模範生本來就是要完美無瑕。完美無瑕只適合用在廣告標語上，孩子畢竟不是商品。

對於孩子來說，要真、要誠的完美要求，一開始往往來自於其實並不完美的大人。當大人的不合理期待一直往模範生的身上套，久而久之，孩子就像被植入病毒程式般，想法也會受影響，開始對自己執行「完美程式」，痛苦的自我要求亦同步產生。

別讓孩子承受太多束縛，像孫悟空被套上緊箍咒那般痛苦、不自在。**一塵不染只會讓孩子壓力倍增、痛苦不堪，更何況，這是不可能的任務！**

我們做大人的，需要扮演掃毒程式，來協助孩子清除完美的魔咒。

祕訣021

孩子也有喘息的需要

喘息，孩子需要喘息，模範生需要喘息。**請鬆開你對於孩子的過度要求，一點點都好。**

要讓孩子喘息，讓孩子呼吸，我們必須回過頭來思考：「模範生」這玩意，到底有著什麼意義？

請讓模範生就回歸到一般的孩子吧！別再強調什麼「典範啊！模範生當然是一種崇高的典範啊！具備良好的美德，行為舉止值得令人倣效，作為示範啊！」「典範」這想法，對孩子來說太沉重了。

祕訣022

就事論事給肯定

被肯定是好事。能被多數人肯定，更是許多人夢寐以求的事。但如果能夠**就事論事地給予肯定**，或許更棒。

請別拿一頂「模範生」的帽子套在孩子頭上，然後不自覺地理所當然認為他

「什麼都好」。**別把模範生當成十項全能，這是誤解，也是迷思，某個程度也可以說是一種心理虐待。**

請就事論事、按件計酬吧！給予孩子肯定時，要一件一件地具體說明。

被認同、被回饋、被肯定、被獎勵，當然是好事，人人都求之不得的，但請勿拿起大帽子，硬生生地套住孩子。

問題五
【我是地表最強】是太有自信？還是愛誇大？

「媽媽，不瞞你說，在學校的籃球場上，我的運球可是很出名的。人家都稱呼我是『地表上最佳全速前進的運球少年』，這你信不信？」晚餐時刻，阿翔沒扒兩口飯，就開始分享自己的「光榮事蹟」。

「我聽你在放屁啦！什麼地表上最佳全速前進的運球少年。這種話虧你還說得出來，我可是聽不下去。」姊姊莉莉忍不住吐槽。

媽媽開口了：「ㄟ，你這當姊姊的，怎麼讀到高中了，對弟弟說話還這麼不文雅？吃個飯，什麼屁不屁的。」

「拜託，不文雅是配合他好不好？每次講話都愛誇大，連我這個姊姊都不以為然了，更何況是他們班上的同學？難怪人際關係這麼差，會討人厭不是沒有原因的。」莉莉毫不掩飾對弟弟的不屑。

「拜託，是你沒見識過我在球場上的威力，什麼愛誇大。我的快攻、快速推進，可是超猛的！」阿翔反駁。

「好啦！你最強行不行？還快攻、快速推進哩，自己幾兩重應該要知道——喔不，是幾公斤重才對。我就不信依你這體重能攻多快，能跑得動就很不錯了。」莉莉伶牙俐齒堵得阿翔說不出話來。

「莉莉，你講話不要那麼犀利可不可以？自己的親弟弟耶，多少也鼓勵或肯定他一下嘛！幹嘛一直找碴？這麼講很傷他的。」媽媽苦口婆心地勸著。

莉莉說：「媽，如果我不趁現在多點醒他，讓他趕緊學會修正自己講話誇張的習慣，等到進高中，我告訴你，他面對的可是更成熟的同學，不像他現在班上的國中小屁孩那麼容易受他欺騙。不改，到時候就傷更大。」

「說不定阿翔在球場上的確是令人刮目相看呢？」媽媽想跟兒子肯定。

阿翔馬上接話：「媽，你這麼說就對了，我在快攻時，都會把球落在我身體前方的遠處，就像人在追球的模樣。怎樣？夠帥吧！『地表上最佳全速前進的運球少年』不是叫假的啦！」

「好啦！好啦！二比一，你們贏了好不好？地表上、地表上、地表上，我就看你這隻地表上最會膨風的青蛙能再怎麼掰。送你一句老祖先的台語：『膨風水蛙殺無肉』，至於如何解釋，就請你的阿母告訴你！」

莉莉說完站起來掉頭就走，留下一臉錯愕的媽媽，及仍在自我陶醉的弟弟。

面對自我的祕訣指南

祕訣023 尊重孩子的期待與想像

祕訣024 往內心探視

祕訣025 溫和地點醒

祕訣026 斟酌遣詞用字

祕訣027 分析所用的字眼

祕訣028 修飾說話內容

祕訣023

尊重孩子的期待與想像

想像可以超越現實。任憑想像翱翔，心無界限。**孩子的誇大或許也暗示著，他心裡有著這一份夢寐以求的甜美期待與想像。**

「最好是啦！」在校園服務的經驗裡，我發現這句話常常出現在青春期孩子的對話之中。話裡，當然帶了些不以為然的意味。

這多少也提醒了我們，當想像從口中說了出來，旁人聽在耳裡的感受不盡相同。有人不以為然，有人一笑置之，有人給予期待，有人批評數落。

但無論如何，請尊重每個孩子心中的想像。

祕訣024

往內心探視

引導孩子思考，在「地表上最佳全速前進的運球少年」這句話裡，他想要傳達的是什麼訊息——是一種被看見、被關注的期待？是一份很少被滿足的情感需求？或者是一份期待被肯定的心情？

每個小小的生命裡，都很自然地存在著這些被看見的渴望、被滿足的情感與被肯定的心情。如果我們能夠**看透「地表上……」這句話背後嗷嗷待哺的期待**，便可以進一步思考，眼前的孩子是否飢渴太久，內心缺乏這些每日所需要的營養素。

祕訣025
溫和地點醒

「誇大」就像迷幻藥般令人陶醉，卻也使人擔心孩子一直陷在其中而不自知。那麼，該不該讓孩子清醒？其實爸媽的反應不需要太過激烈，有時我們出於關心所說的話卻反而像冷水一潑，在心虛的夜裡，總令聽者顫抖難耐。

溫和關切，勝過於讓對方難堪。在點醒的過程中，我們可以溫和一些。

「我聽你在放屁啦！」這些帶著全盤否定的粗俗話語，當然盡量少添加。並且要讓說出口的手足明白，這些話語對於彼此關係的建立與維護是有傷害的。

試著找出替代的說法，例如以：「你有點誇張喲！」「你的形容是否過頭了？」「這麼厲害，真的假的？」來取代「我聽你在放屁啦！」，會好一些。

祕訣026
斟酌遣詞用字

自我覺察是很重要的一道練習，可以幫助孩子省視自己的想法、說話內容、情緒反應及行為表現，讓他明瞭自己的遣詞用字是否適當，以避免誇大到連自己都搞不清楚在說什麼，或者明明誇大了卻不自知。

尤其要讓青春期孩子知道，在這個年紀的孩子，對於說話的內容是相當敏感的，遣詞用字不可不慎，以免招來白眼。

祕訣 027

分析所用的字眼

讓我們試著一一**拆解「地表上最佳全速前進的運球少年」這句話，看看孩子所使用的字眼，是否符合一般人對自己實力與印象的判斷，再進行表達的微調和修正。**

首先，「地表上最佳」這點是需要舉證的。（莉莉：弟弟啊，我印象中，你好像沒有參加過奧運吧？）

再來，「全速前進的運球」，這屬於籃球運球技巧的一種，合理。

最後是「少年」，阿翔現在讀國中，正值青春期，合理。

所以答案浮現了：「地表上最佳」這句請修飾。

祕訣 028

修飾說話內容

提醒孩子，在腦海裡要如何天馬行空地讓想像任意翱翔，這是屬於每個人自己的權利。「地表上的」、「史上」、「創世紀以來」……在腦海裡，他可以盡情發揮，但是當他**準備將想法全盤說出來時，或許適度的修飾比較適切**。例如：

「媽媽，我在籃球場上最擅長的就是運球技巧。有些同學稱讚我是『地表上最佳全速前進的運球少年』。雖然是有點誇大，說是『班上最佳全速前進』還差不多，但是被肯定，在心裡也是很爽快的啦！」

問題六
【誰知道我沒把書看完】隱瞞之心蠢蠢欲動？

「我畫的不是帽子，是大蟒蛇消化大象的情景。可是大人看不懂……」小修瞇起眼，張大嘴巴打了個呵欠，但怕被導師發現，便趕緊用手摀起嘴。哎喲！真是頭腦鈍鈍，特別是在這吃得太飽後的炎炎夏日。「大人看不懂……大人看不懂……大人看不懂……」腦海裡，這一句不斷地迴轉著。

小修四顧張望，同學們看來都好認真，但誰知道他們的腦袋裡在想什麼？再回到自己的書上，他真不明白為什麼自己每次閱讀都很容易卡住，就像鋒面持續滯留在某一頁上，移動速度緩慢，總是原地打轉。

在實務上經常會發現，像小修這樣專注力較差或閱讀動機較薄弱的孩子，總是很難燃起閱讀的動力。

然而，當班導說：「各位同學，如果你已經閱讀完今天指定的班書範圍，現在可以把書收起來，自由活動。」一聽到老師的話，小修的動作就像觸電般迅速，「砰」的一聲用力把《小王子》塞進了抽屜。

導師很難確認每個學生是否都真的將指定閱讀書籍看完了。我自己則是抱持對孩子信任的態度，至少在第一時間會是如此。

雖然，這份信任有時會被濫用。

有沒有可能孩子才讀了幾行，就把書扔進抽屜？說真的，除了當事人之外，沒有人知道答案。

我常在思考一件事：「書沒看完誰會知道」這個誘因，到底是如何在孩子心中成形的？書沒讀完，心卻想著出去玩，孩子的心裡是否會有掙扎？畢竟，「玩」對於孩子來說的確是一種誘惑。

當然，孩子多少會把事情合理化，心想：「反正《小王子》就在抽屜裡，又不會溜掉不見。想看，隨時都可以拿出來看。」也因為這樣的自我暗示，而讓自己的說謊行為悄悄啟動了。

書沒看完，誰會知道？這件事看似微不足道，然而當我們選擇忽視，「誰知道？」的想法將很容易像病毒般，在孩子的誠實品德之中蔓延開來。

面對自我的祕訣指南

祕訣029 別人不知道，但是自己知道

祕訣030 誠實面對自己的態度

祕訣031 降低取巧的動機

祕訣032 多一道檢核關卡

祕訣033 引導孩子把困難說出來

秘訣029

別人不知道，但是自己知道

「誰知道我沒有看完？」關鍵就在這裡了。因為自認沒有人知道，說謊的念頭自然而然便呼之欲出，相對地也讓誠實銷聲匿跡。「誰知道？」的想法，讓自我誠實的界線變得愈來愈模糊，孩子忍不住越界，就算沒讀完也假裝有念完，反正跟著大家一窩蜂出去玩，任誰也不會發現。

當孩子心中認定不會被發現的機率大些，不誠實的舉動也自然多了些。我們對於孩子的全然信任很重要。當然，要讓孩子能夠充分維護這個信任的挑戰難度也很高。**要讓孩子了解，雖然無人知曉，但至少有一個人一定會知道——他，自己。**

誰知道？別成為讓自己說謊的撒旦。

秘訣030

誠實面對自己的態度

有些謊，孩子總覺得說了並沒有影響到別人，所以無傷大雅，就像書有沒有讀完是自己的事，和別人又沒關係。但孩子可能忘了，這個謊，傷的是別人對自己的信任。

要取得別人的信任不容易，但要讓別人不信任自己很快。而且要恢復以往的信任，很難。這種阻礙，有些無形且似乎很遙遠，通常孩子不容易感受到，而覺得無所謂。

其實關於誠實品格的養成，往往都是在細微的地方，讓孩子在不知不覺間，以無所謂的姿態漸漸發展出說謊的習性。

讓孩子知道，關於沒有閱讀完卻跟著其他人自由活動這件事，**我們所在意的，是一種誠實面對自己的態度**。

秘訣031

降低取巧的動機

對於有些孩子來說，在課堂上能夠自由活動是何等的誘惑，更何況「眾人皆玩，我讀書」，哪有這回事！

這的確不應該成為說謊的理由與藉口。然而，當孩子陷在反差很大的選擇之間，例如苦苦閱讀與自由活動，我想，內心的謊言要取得壓倒性的勝利是很容易的。

下回當我們要拋出類似「看完書就能自由活動」的誘因，在內容上不妨**採用更具體的方式**。例如：「看完書」改成「把作業寫完」、「打掃工作做完」，這些活動的結果相對比較容易評定，多少也可以降低孩子取巧的動機。

祕訣 032

多一道檢核關卡

當孩子靜靜地坐在座位上閱讀，我們也只能從行為表現上判斷他維持適當的活動量，依規定坐在位子上翻書。至於孩子是否真正進入了閱讀的世界，除非你進一步給予聽說讀寫算的評量或測試，不然就真的只有他自己清楚。

過度信任像塊大石頭，重重地壓在說謊按鈕上，很容易讓說謊的鳴聲響個不停。

若孩子總是在「書沒看完誰知道？」的情境下取巧，沒有裝成有，我們可以適時地多加一道檢核的動作，降低說謊動機。例如讓孩子練習將所閱讀的內容，以自問自答的方式列出問題，或是摘要簡單的心得或重點。

多一道程序，讓孩子在啟動說謊的按鈕前，多一些些顧慮，至少對於自己也是一種監督。

別讓自認無傷大雅的說謊，成為日後逃避面對的慢性病。

祕訣 033

引導孩子把困難說出來

如果孩子真的遇到了困難，他需要學習面對，並坦然地把問題說出來。例如：

「老師，好奇怪喔，每次讀書時，我都常常發現自己會在特定的句子上停頓，打轉，還很容易跳行、漏字，讀不懂意思，更重要的是好難專心。我到底怎麼了？」

當然，要讓孩子清楚表達出自己的閱讀困難，除了他對自己的了解之外，同時**需要在一種充滿信任、同理、接納，對隱私的維護、了解，及共同解決問題的情境和氛圍裡。**

這樣的情境與氛圍，我們經營了嗎？如果你眼前的孩子能夠清晰地說出自己學習的困境，無論對孩子、父母或導師而言，都真的是一件值得被肯定的事。

讓孩子知道：唯有面對，才有機會解決問題。

問題七

【大家都這樣】投機取巧有藉口？

為了鼓勵孩子多閱讀，現在有許多學校及圖書館設計了「閱讀護照」，從閱讀量的累積來作為鼓勵孩子的方式，也因此出現了閱讀小學士、小碩士、小博士的分級。可以想像，小博士的獎勵最豐碩，也最吸引孩子。

簽聯絡簿時，你的孩子是否也曾經遞出閱讀護照要你簽名？

「爸／媽，請幫我簽名一下，空白的地方都要。」

有時閱讀護照攤開在桌上，一頁一頁，寫滿了一行、一行的書名。父母看了心想：「哇！要簽這麼多。」一方面忍不住欣喜，孩子愛閱讀是好事一件。另一方面卻浮現了疑慮：他真的看了這麼多書嗎？

這樣的反應是自然的，特別是在家裡似乎很少看見孩子專心閱讀，這種疑慮當然就更強烈，也讓父母心中感到不舒服。

「這麼厲害，一個禮拜能看這麼多本課外書，學校是有在教速讀啊？我很好奇，這麼多本書，你都是用什麼時間在看？算一算，一個禮拜要看這麼多，真的很不簡單哩。」對於這幾年看書速度變得好慢、好慢的爸媽來說，或許邊簽名也會邊帶些疑慮說著。至於站在一旁的孩子是否心虛，就看他是否真的有閱讀了。

有時你會發現，當你邊簽名邊和孩子聊的時候，他可能不發一語地站在一旁，或靦腆地看著你，期待你不要再問東問西，快一點把名字簽完就好。甚至當你補上一句：

「既然你看了這麼多本書，我也簽了這麼多次名，今天時間比較閒，怎麼樣，說幾本心得來聽聽如何？」

你會發現，孩子的眼神似乎在告訴你「別鬧了」。

以量來鼓勵孩子閱讀，出發點的美意可以理解。但在做法上，我們不得不思考是否有小朋友為了獎勵，書沒看就只顧著抄書名，讓家長簽名來換獎品？

這樣不但會助長孩子形成投機取巧的心態，加上如果班上存在著「大家都這樣」的歪風，更可惜了原本鼓勵閱讀的美意，與對孩子的信任。

閱讀護照真的是各憑良心，並挑戰著小朋友的誠信。但我們大人是否在不知不覺中，也成了讓孩子灌水的幫兇？

面對自我的祕訣指南

祕訣034 維持內在、外在的一致
祕訣035 承受虛報的心情代價
祕訣036 重新打造獎勵方法
祕訣037 重新檢討遊戲規則
祕訣038 預防從眾的迷思
祕訣039 必要時，修正遊戲規則

祕訣034

維持內在、外在的一致

孩子需要有一種想法，讓自己內在、外在一致，相互貼近。有多少，是多少；讀多少，寫多少。這是一種對自我的誠實，對自我能力及責任的了解。因為內外表裡一致，至少內心無負擔，不用擔心灌水、虛報的舉動被發現。

孩子心中需要有一台標準磅秤，預防偷工減料、謊稱虛報。

要讓孩子內外一致，敬請大人們，平時多加示範展示。

祕訣035

承受虛報的心情代價

兌換的獎勵，就像糖果般吸引著孩子猛吞口水，讓孩子汲汲營營地想要以最快的速度將糖拿到手中。不過獎勵雖然甜美，擔心可能被識破的壓力卻像鬼魅般無所不在，這是以取巧的方式獲得獎勵所需要付出的代價。

如果想要讓孩子的行為有所節制，不妨**試著讓他感受灌水前、虛報中、取巧後的焦慮、緊張、擔心、浮躁、不安等的心情浮動。**讓孩子去承受因為說謊所帶來的心理負擔。

讓孩子知道，別讓灌水，撐破人家對你的信任。

祕訣 036

重新打造獎勵方法

閱讀是一件美好的事，更是一件值得鼓勵的事。對於勤閱讀的孩子來說，給予肯定與獎勵，倒也是一種美意。但獎勵並不需要單一規格，或採用中央廚房降低成本，大量製造。或許可以轉個彎，換個手藝，把先前已習慣的獎品、獎狀擺一邊，針對獎勵重新打造，換個內容試溫看看。

對於自發性愛閱讀的孩子，如果真的要論獎勵，讓他可以看更多的書、提供多些閱讀的選擇、給予多些閱讀的機會，或許就是一種更美好的獎勵。

對於不同的孩子，獎勵就像青菜蘿蔔，各有所好。但重要的是，**我們要清楚知道眼前這孩子的真正所好**。

祕訣 037

重新檢討遊戲規則

能夠對孩子全然信任是一種很理想的狀態，有時我們給予了他很大的權限，無論他做什麼都給予全然的信任。但畢竟孩子對於自身與外在人、事、物的互動，都還處於成長、形塑與蛻變的階段，容易受周遭環境而動搖。

例如，我們在所設定的「閱讀護照」遊戲規則中，傾向於以量來決定，然而事實上，快速翻過一百本跟好好細膩品味十本，是很難區分孰優孰劣的。

但在這過程中，孩子的目光容易聚焦在量的達成，往往注重在抄書名、累積書單與抄寫量，想要以最快速度填滿護照。

為了「拚業績」，孩子反而無暇去思考，一本書為自己帶來的真正美好的感受。

祕訣038

預防從眾的迷思

「因為大家都這樣，所以沒有什麼不對？」

「假如是錯的事，為什麼大家都還搶著做？」

「就算我不做，別人也會這麼做啊！」

這些理由聽起來好像滿有道理的。

「大家都這樣！」顯然這個抄書名的競速遊戲，在班上已經是一個公開的事實了。大家都這樣，像個螺絲起子般，正鬆動著孩子的誠實品格。但是我們要讓孩子知道，**大家都在做的事情，不一定就是被允許的事情。**

秘訣039

必要時，修正遊戲規則

當「沒看書，只抄書名」的灌水行為沒有被認真處理與正視，孩子當然很容易學會在夾縫中求生存。為了避免孩子的誠實走樣，**必要時，請修正遊戲規則**。

如果大人願意徹底雷厲風行，一發現有灌水或虛報的抄書名行為時，便採取扣押閱讀護照行動，連帶地孩子還需要承擔不實的責任，或許可以讓原本想要投機取巧的孩子懸崖勒馬，安分認命地好好閱讀。

問題八

【我又沒怎樣】犯了錯卻避重就輕？

在輔導孩子的過程中，我經常遇到的情況是當孩子犯了錯時，在被詢問或關注的當下，總是很自然地選擇避重就輕。從生存的角度來看，這也可以說是一種迴避危險的本能，至少可以不用直接面對不可預知的後果。

沒錯，我們都希望孩子勇於認錯。但很殘酷的是，做父母的卻不太愛處理孩子在學校惹的禍。以下的例子便是孩子放學回家後，許多家庭常見的親子衝突對話。

「你今天在學校到底又給我惹了什麼禍？你看你，老師來簡訊，要我明天到學校一趟。你也給我幫幫忙好不好？你以為我時間那麼多，愛往學校跑？多少也給我點面子，好不好？」志明剛進門，媽媽就對他怒吼。

「拜託，又沒什麼事，老師還真無聊。」志明抱怨。

一聽志明反駁，媽媽更火大了。「無聊？你沒做什麼壞事，老師幹嘛找我到學校？更何況這又不是第一次。你到底做了什麼好事？」

「就和同學吵架而已啊！」志明不耐煩地回應。

「吵架而已？你騙誰啊！吵個架，爸媽就要到學校？你給我好好地說清楚，不然等到晚上你老爸回來問，你就倒大楣了。」媽媽繼續罵。

「啊！就意見不合啊！」志明簡短回了一句。

「意見不合？就這樣？」媽媽問。

「不然怎麼樣？」志明反問。

媽媽繼續打破砂鍋問到底。「怎麼樣？你們老師簡訊裡提到有同學受傷，對方家長明天要到學校理論。還在給我就意見不合？騙誰啊！你到底今天在學校幹嘛，為什麼讓同學受傷？」

「我怎麼知道？」志明說。

「怎麼知道？天啊！難道還要我來仔細告訴你今天在學校發生什麼事？」

媽媽質問，但志明避重就輕。

「啊又沒怎麼樣，大驚小怪。」

「什麼大驚小怪？你到底說不說？」媽媽問。

「要說什麼？」志明就是不正面回應。

當類似的情況發生，你是否也像志明的媽媽一樣像警察做筆錄，咄咄逼人地要孩子就範？

可以預期的是，這種原地打轉的「迴圈式」對話，最後只會把孩子愈來愈推往避重就輕的方向。於是爸媽常有這樣的疑問：「要說什麼？拜託，這個問題怎麼反過來問我？」

你也可能會不服氣地想：「要說孩子忘了細節嘛也不是，畢竟他聰明得很，當然清楚事情的嚴重性。」

你多少明白，每回孩子在學校犯了錯，回家後他那閃爍的眼神、含糊其詞的回應，都在暗示你——他又惹事了。但每次當你繼續追問時，孩子的心虛模樣及那副「拜託，又沒什麼事」的無所謂態度，卻常讓你一方面氣得牙癢癢的，一方面卻又沒轍，莫可奈何地不知道該如何問下去。

當孩子老是避重就輕，爸媽到底該怎麼辦？

面對自我的祕訣指南

祕訣040

孩子懂得權衡輕重了

我們都希望孩子能夠勇於認錯，但畢竟這是一個理想。當孩子犯了錯，很自然地或多或少會避重就輕，以迴避可能遭受的處罰與後果。

一想到「避重就輕」這句話，難免讓父母感到渾身不舒服，覺得孩子好像在誠實上打了折扣，總是迴避主要的問題，而談些無關緊要、細微末節的小事，不太願意面對現實、承擔問題，而選擇逃避。

但反過來看，孩子懂得「避重就輕」也告訴了我們，其實**他懂得如何衡量事情的輕重緩急，對於事物的了解和自己的利害關係，是有判斷力的**。這一點，我們可以感到欣慰，這多少是一種孩子成熟了、社會化的展現。

或許我們可以思考的是，哪些事情會讓孩子決定要避重就輕。

秘訣041

建立與維繫信任關係

要孩子願意坦承自己在學校所犯的錯，當中關係到「信任」兩個字——**對於孩子來說，眼前是否有他值得信任的父母。**

或許你會舉牌抗議，我們做父母的當然值得被信任啊！但關鍵在於是孩子覺得「信任」，而非我們自認可以「被信任」，這是兩回事。

信任的建立與維繫，是親子彼此在生活中一點一滴、一點一滴，慢慢透過實際互動而產生的感受。有了信任，進一步要坦承就相對容易些。

信任不是用喊的，而是需要細心經營。

想一想，今天我們做了什麼事，讓孩子對我們多了一份信任？

祕訣 042

破除孩子對免責的期待

孩子避重就輕，多少暗示著期待免責。逃避責任雖人之常情，卻不是一件值得鼓勵的事。但是，想要孩子有所改變，我們不得不思考：孩子對於「責任」，心裡到底存在著什麼樣的看法？他可以承受的責任到哪裡？

請留意孩子面對責任時是否像碰到臭鼬，馬上就想逃。

你可以問問孩子：「這件事，你該怎麼負責？」先讓孩子自行拿捏責任的輕重。

祕訣 043

詳細說明完整的事實

如果孩子選擇避重就輕，但你已從老師提供的書面資料、聯絡簿上的記錄、簡訊、LINE或電話內容中，了解詳盡過程，這時，你可以考慮讓過程詳細地攤在陽光下，讓孩子了解你的心中已經有了完整版本。請他針對這份「老師版本」提出自己的看法，以及是否有不同的見解。

在提出這份詳細說明之前，請尊重孩子的感受。**並不是把證據握在手上強迫他承認，而是讓他了解，雖然他選擇避重就輕，但相對完整的事實就在眼前。**現實，終究是需要面對的。

秘訣 044

破解孩子的無能為力

請留意孩子是否少了組織架構的表達能力。**有時並不是孩子故意避重就輕，而是他在語言表達及組織能力上，長期以來就不太能夠完整說明，甚至於無法掌握重點，或將前因後果敘述清楚。**

當孩子面對這種情非得已的情況感到無能為力時，我們在關於避重就輕的處理上，重點該鎖定的是如何提升孩子的組織與表達能力，至於處罰的考量就先擺一邊了。

可以藉由示範，一段一段具體的完整示範來教孩子。透過「5W1H」（What, Who, When, Where, Why & How）將過程中的人、事、時、地、物及如何的元素放進去。說給孩子聽，寫給孩子看，接著讓孩子練習自己再說一遍。反覆再反覆，練習將過程說清楚。

祕訣045

敞開心胸，聽孩子說

別一味歸咎孩子的錯。

孩子在學校出狀況、犯了錯時，在學校裡已經被老師處罰過一遍了。姑且不談他服不服氣或老師是否有理，一旦他回到家，又因為同一件事被爸媽劈頭責罵或嘮叨一頓，他很容易會選擇避重就輕。

對於孩子來說，這是一種自我保護的有利方式，因為他多少已經嗅到，縱使自己將事情的來龍去脈說得清清楚楚，但爸媽心裡早已有了答案。這時，多說無益。

要讓孩子選擇多說，除非**我們先敞開心胸，不加批判，願意聆聽他的說明。**

第2部 誠實

提升解決問題的能力

問題九
【偷改聯絡簿】是不會寫？還是不想寫？

演講時，我有時會想，如果偷偷地問台下的孩子：「曾經用橡皮擦把聯絡簿上的字擦掉的，請舉手？」或許敢舉手的人不多，但多少會尷尬地報以心照不宣的淺淺微笑。

在一對一的晤談中，眼前的孩子在信任、安全與放鬆的諮商情境中，大都會坦承自己曾經有過的偷改行為，許多時候並表現出不以為意的樣子，因為他們總也有話要說。

我常常藉著許多機會提到，誠實是一點一滴在孩子生活與學習的細微處發生。想要協助孩子，需要仔細地關注他細微的舉動與心理反應。只有透過這些敏銳的觀察，我們才有辦法更清楚地知道眼前孩子的想法與動機。

有時會聽到孩子抱怨：「誰叫我天生數學程度就不好，回家才懶得將時間耗在寫這些東西上，更何況我也不會寫。」而且他還會提醒：「聯絡簿很薄，拿橡皮擦輕輕地將數習p.27-28擦掉。輕輕的就好，要不留痕跡。」

有時候我則會好奇，為什麼有些作業仍然保留？通常得到的回答是：「這我會寫。」例如英文習作第三單元，只是幾個生字抄一抄、寫一寫，難不倒他。

另外一種常遇見的，就是進行部分的塗改。例如國語乙本，每個圈詞寫三遍。那就輕輕地將三的上頭擦掉，改成二遍，甚至於索性再把一橫擦掉，直接改成一，省事。

在輔導的過程中，我試著引導孩子去感受在進行這樣的塗改時，當下自己的情緒反應。改聯絡簿對孩子雖不是什麼陌生的事了，但拿起橡皮擦輕輕擦掉時，心裡仍然會撲通撲通地跳著。有時一緊張，真的感覺到那心跳的存在。

談話過程中，多少會聽到孩子在辯解：「我只有擦掉而已，沒有塗改。」有意思的地方在於讓我思考使用「擦掉」和「塗改」這兩個詞的差異。只有擦掉，沒有塗改。或許這樣想，孩子心裡的負擔與罪惡感會少一些。

犯錯，找藉口，已經不是大人的專利了，這一點，孩子倒是從大人身上學得滿像的。千錯萬錯都是老師的錯，孩子們總是找得到理由來圓自己的錯。「誰叫老師每次作業都出那麼多？」「放學後就應該要放鬆啊！哪有叫人家一直在寫字的！」類似的微詞與反應很常見。

但是無論如何，偷改聯絡簿絕對不是我們所期待的事。

解決問題的祕訣指南

- **祕訣046** 預防說謊風暴
- **祕訣047** 內容在線上同步公告
- **祕訣048** 覺察不當的「合理化」想法
- **祕訣049** 調整犯錯的歸因
- **祕訣050** 針對問題核心解決
- **祕訣051** 慎重地仔細看
- **祕訣052** 拋出敏感問題
- **祕訣053** 教孩子估算成本與代價

祕訣 046

預防說謊風暴

孩子的不誠實行為，有時就像颱風的形成，在因應上稍有不慎或未妥善處理，便很容易從看似小問題的行為（例如偷改聯絡簿），不斷擴大暴風半徑，漸漸地出現其他偏差行為，同時威力增強，且路徑偏向父母無法預期的方向，對於成長的品格帶來威脅。

我始終認為海上颱風的形成，我們無法決定，但孩子說謊的形成，我們是可以預防的。預防孩子偷改聯絡簿，需要親師共同動動腦。例如，讓孩子使用2B鉛筆或原子筆，如果孩子要塗改，用這些筆很容易露餡。

除非孩子的塗改功力真的已臻極致，讓人無法以肉眼辨識出來，否則一般而言，**增加一些孩子在塗改上的困難度**，多少可以抑制偏差行為的出現。

祕訣 047

內容在線上同步公告

不是每個孩子都能夠維持好的自律。有些孩子可能會因為各種因素、理由或藉口，想辦法投機取巧來逃避眼前不想做的事。

當孩子的誠信牌螺絲常常容易脫落，自律的螺絲不再牢靠，就需要他人來幫自己鎖緊，也就是「他律」。孩子現階段的行為仍需要由大人來設定規矩，讓他遵守。

有些孩子有小聰明，總是很愛鑽漏洞，在夾縫中求生存。針對孩子對聯絡簿進行塗改，把聯絡簿上的字變不見或變得不一樣的做法，其實老師只要**在班級網頁同步線上公告今日的回家作業內容與待辦事項**，作為親師聯繫的溝通平台，一樣可以有效預防孩子的塗改行為。

秘訣048

覺察不當的「合理化」想法

我們很容易對自己的不當行為合理化，孩子當然也不例外。「只有擦，沒有改」，心理負擔因合理化而稍稍減弱，但相對地，眼前這個「擦」的行為就更被強化了。

引導孩子思考自己如何解釋「擦」和「改」這兩個字，以及這兩個字分別給自己帶來什麼樣的情緒。例如，「改」帶來的罪惡感是否多一些？就像有些孩子，強調自己是「拿」不是「偷」，是「借」不是「偷」，但重點是對方的東西就是不見了。

孩子說不說謊，總在一念之間。請留意孩子的合理化想法。

祕訣 049

調整犯錯的歸因

孩子當然知道他自己在做什麼。只是對於不被允許的行為，如何去解讀其中的理由，也反映著孩子是否改變的決心。

「這一切都是老師的陰謀。功課出那麼多，回家怎麼看卡通？」孩子可能這樣抱怨個沒完，但等等，「為什麼班上其他同學就可以寫完？」請把歸咎的球再拋回給孩子，他需要仔細思考這當中的差異。

為什麼別人可以，自己不行？核心問題到底出在哪裡？別讓孩子以為什麼都是別人的錯，自己就能錯得心安理得。

祕訣 050

針對問題核心解決

有些孩子總覺得藥很苦，能不吃就不吃。但是沒辦法啊，爸媽在眼前，於是他索性先把藥含在嘴裡，等大人一不注意就把藥吐掉。

同樣地，有些孩子總覺得數學不會，能不寫就不寫。但是沒辦法，老師在眼前，於是他乾脆先把答案抄在聯絡簿上，等大人一不注意就把它塗掉，明天到學校再抄一抄。

逃避，是孩子很常出現的一種解決問題的方式。

試著抓住問題的核心，甩開說謊的習性。**假如孩子能力真的有困難，請試著助他一臂之力，讓他了解，讓他懂。當孩子覺得「我會」、「我行」、「我可以」時，自然沒道理說謊或逃避。**

只要學習問題迎刃而解，孩子的塗改不實行為也將同步化解。

祕訣 051

慎重地仔細看

讓孩子知道爸媽很認真地在看他的聯絡簿，簽名是很慎重的事。寫在聯絡簿上的內容，爸媽一定是一點一點看完，作業也會一樣一樣確認，再簽下自己那優雅、灑脫或別人無法辨識的字體。

這麼謹慎有個好處，多少會降低孩子投機取巧的動機。

祕訣 052

拋出敏感問題

我們倒不是要跟孩子諜對諜。但**在檢查聯絡簿的當下，偶爾釋放出敏感的問題，也能有效嚇阻孩子的塗改行為。**例如：

「你們老師作業怎麼都出這麼少？」

「你們早自習都在做什麼？補寫作業？」

話一問完，可以把視線拋向孩子，注意他的反應，例如他是否在咬手指、吞了吞口水、手心有些溼熱等。

當然，你溫柔而堅定的眼神也正在宣示：「孩子，做該做的事。」必要時，提醒他：「塗掉的內容，可別忘了補回去。」

祕訣053 教孩子估算成本與代價

出來玩，總是要還的。孩子偷改聯絡簿也是一樣。讓孩子知道，別想著可以先把聯絡簿上的作業塗掉，隔天只要提早到學校，就能利用時間差，趁早自習在教室裡加緊趕工把昨晚沒寫的作業補完。

讓孩子知道，該還的跑不掉。塗改聯絡簿，是一件得不償失的事。

一是同學會知道他昨天作業沒寫完，二是消息傳到老師的耳裡，三是更大的代價會在後面等著他。

每件生意都有成本。塗改聯絡簿，絕非穩賺不賠。

問題十
【考試作弊】成績比誠信還重要嗎？

回想我的學生時代，英聽這一科在期末考拿了四十幾分的成績，直接被死當，連補考的機會都沒有。當時，導師很納悶地打電話來關切為什麼我會考出這樣難堪的分數。說真的，當年我除了自認英文聽力不佳之外，其實自傲還算有點骨氣——我很堅持「不作弊」，懂多少，寫多少。雖然那些年，英聽教室裡，一些同學們彼此都在打pass。

作弊，真的令人不敢恭維。我除了覺得沒必要，當然也沒那個膽。

在校園服務中，有些孩子會因為作弊的偏差問題被轉介輔導。我忍不住思考，把孩子推向作弊的那隻手到底是什麼？

考試作弊時，孩子的心撲通撲通地跳著，眼神一面緩緩左右移動，一面偷偷注意著監考老師的挺直身影，有時很難猜測他何時轉身，以免被發現而逮個正著。面對這樣一場充滿緊張、刺激，有如老鼠害怕遇見貓的作弊行為，孩子為什麼還是選擇豁出去？

我自己也當過監考老師。監考時，有時會遇到學生們用眼角餘光瞬間瞄向四方，或隱約聽見那微弱、壓低的音量，呼喚著另一位正聚精會神地作答的同學，希望考卷再放下來一點點。當然，也會有人手放在桌下，離抽屜好近、好近，指尖正逐漸碰觸到課本的邊緣。至於小抄要拿不拿的，從他扭扭捏捏的姿態中，多少都可以感覺得出他的矛盾。

每回監考，我並不會採用負向提醒，警告同學「不要作弊」。這做法太不尊重絕大多數守本分的同學們。同樣地，如果發現或懷疑有同學作弊，我也不會當場揪出，畢竟如果誤會的話，對彼此都是一種痲煩與傷害的事。我會選擇一直看著他——沒錯，心照不宣。我會用眼神告訴他：「請靠自己的實力。」

面對孩子考試作弊，到底該如何因應？

解決問題的祕訣指南

祕訣054　掌握孩子作弊的動機
祕訣055　陪伴孩子面對作弊的自己
祕訣056　憑本事，走路才有風
祕訣057　把心思用對地方
祕訣058　「假如被發現……」的誠實咒語
祕訣059　回想「作弊不好受」的感覺

祕訣054

掌握孩子作弊的動機

孩子在考試中，很清楚知道「被禁止」出現的行為。這種觀念從小學生開始就不斷被灌輸。但是對一些孩子來說，辛勤灌溉的水仍然會溢出學習的田——作弊的行為依然出現。

面對考試，我們期待孩子誠實，各憑本事地對自己負責，做該做的事。但無論孩子有無本事，有些成績好的期待更好，只好……作弊，讓「帳面」更好看；而有些自認在功課上沒本事的，就只好想辦法在考試時發揮作弊的本事，也讓帳面不至於難看。

為何孩子如此在意帳面成績？

- 符合大人的期待（至於期待合不合理，再說）。
- 漂亮的分數，至少可以獲得大人的肯定（為了肯定而不擇手段）。
- 同儕的認同（至少帳面成績不賴）。
- 滿足自己的虛榮（雖然心裡還是很空虛）。
- 消除被處罰的厄運（這比消災祈福的儀式還快？）。

面對眼前這股作弊的歪風，我們要先想想起風的原因，**掌握孩子作弊的動機**，我們才能夠進一步解套。

秘訣 055

陪伴孩子面對作弊的自己

當孩子作弊，我們常常想到的是該如何處罰？該如何依校規記過辦理？沒錯，這是孩子一定得承擔的後果——雖然對一些孩子來說，這樣的處罰效果不強，否則為何會一回生、二回熟、三回繼續做下去……

但是，請不要只把心思放在處罰上，否則大人與孩子彼此將錯過許多面對自我、了解自我的機會。

既然作弊行為已經出現了，**就讓我們和孩子一起練習去面對——如何從作弊行為中了解自己，進而改變自己。**

如果只是一味地抱持處罰的念頭，很多事是改變不了的。

祕訣056

憑本事，走路才有風

看運動比賽或是親自下場競技時，如果對手總是愛耍詐，靠作弊才取得領先成績，我想孩子應該會想破口大罵。

很有意思的是，場景如果移到教室內，在任何大考、小考、期中、期末、模擬考、抽考，甚至畢業考中，當他選擇耍詐，取得不屬於自己的成績表現，那麼其他認真準備的同學是否也會在心中大罵？

「憑本事！」青少年總愛把這句話掛在嘴上。

憑本事，請孩子把這句話烙印在心上。真正有guts的孩子，只會取得屬於自己的分數。

做人要問心無愧。這一局沒準備，雖然考不好，也至少心安理得。**會讓人豎起大拇指說聲「讚」的，是從谷底憑本事逆轉局勢的人。**

憑本事，才能讓自己走路有風。

祕訣 057

把心思用對地方

考試作弊就像是與監考老師較勁，需要敏銳的察言觀色能力。如同駕車行進在馬路上，需要隨時具備眼觀四面、耳聽八方的機智靈活，對於路況的觀察和判斷更是得充分掌握，能偵測出哪裡有測速照相，就像哪裡有監考老師的犀利眼光。

讓孩子知道，若他把作弊的巧思用在對的地方，他就有機會發光發亮，讓人生變得很不一樣。

祕訣 058

「假如被發現……」的誠實咒語

作弊的蛋在最後關頭會不會被順利催生、孵出，總是在孩子的一念之間。

「假如沒被發現……」當心頭不時浮現這樣的想法，撫慰焦躁的心，自我暗示沒事、沒事，不知不覺中，作弊行為將逐漸被強化，因為「假如沒被發現……」，所以一切都會沒事。

「你想幹嘛？」「你想清楚了嗎？」「你知不知道自己在做什麼？」在作弊的一念之間，孩子總是處在這種矛盾的掙扎裡。維持現狀的話鐵定不及格，穩死；翻書偷看被抓到了，不但會以零分計算，更會被記過，榜上有惡名，死得更慘。但，假如沒被發現……假如沒被發現……假如沒被發現……

假如沒被發現……就容易惹是非。請讓孩子知道「假如被發現了」，那不堪設想的後果。

讓孩子轉個彎，**不斷在心中默念：「假如被發現……」「假如被發現……」「假如被發現……」**。就在默念的過程中，焦慮的心將愈來愈炙熱，熱到令人受不了，但這一股熱氣卻也不時在提醒自己：誠實地面對自己。

祕訣059 回想「作弊不好受」的感覺

在輔導孩子改善作弊行為的過程中，我會試著**讓他再度去感受當時的那股焦慮心**

情。讓他了解，當手掌心像螃蟹冒泡般溼透，也多少模糊了考卷上的字跡。考試時，自己的手就像搖擺不定的颱風，暴風圈看似逐漸碰觸課本陸地，但又緩慢向北北西轉西北移動。在那作弊、不作弊的一念之間，讓他再次感受心撲通撲通地跳得多劇烈。

作弊實在令人不好受，那麼就乾脆不要做這件事算了。

問題十一
【在學校被欺負了】為什麼不告訴爸媽？

膝蓋流著血。阿益蹲坐在台階上，強忍淚水望著瘀血的傷口，不知該如何是好。

「哈！哈！哈！活該，誰叫你不長眼睛，沒看到我的腳伸出來嗎？」大峰一隻手指向阿益，一隻手撫著肚子，彎下腰笑個不停，一旁的小跟班阿仁跟盛仔也一起開懷大笑。

膝蓋很痛、很痛，壓在傷口上的衛生紙因滲血而染紅了。傍晚的風吹著，阿益感到有些涼意，他覺得身體冷，心裡更冷。

「怎麼樣？我們就是討厭你！怎麼樣？」大峰露出嫌惡的表情，撂下狠話，睜大眼睛瞪著低下頭的阿益，「有本事就回家跟你爸媽講啊！」隨後，三人揚長而去。

膝蓋很痛、很痛，阿益輕輕挪動一下腳的姿勢，試著站起來。該是回家的時候了。無論心中有多少委屈，但他知道這些事要先藏在心裡，往下壓、往下壓，深深地往下壓。可別讓爸媽知道他自從開學以來，老是被大峰、阿仁和盛仔三人欺負的事。這件事情連老師都不知道。

「回家該怎麼說？」面對不時隱隱作痛的傷口，雖然血終於止住了，但膝蓋的瘀青還是很明顯。「回家以後到底該怎麼講？」

阿益並不是擔心回家被責罵，他知道爸媽都是很明理的人，更何況自己在班上也沒有犯什麼錯。他只是很納悶，大峰、阿仁和盛仔為什麼總是喜歡找他麻煩。

「回家該怎麼說？」阿益實在不想在爸媽面前說謊。但這次如果要隱瞞，膝蓋的傷口實在騙不了人。和這一次比起來，前幾次他們三個人怒罵自己三字經、粗話的事，倒比較容易隱瞞不說。「畢竟傷的是在心裡。」阿益無奈地想著。

雖然這回心裡也受傷了，但重點是該如何向爸媽解釋膝蓋的傷口？

在回家的路上，阿益有些裹足不前，心裡浮現著不同的聲音。

「就騙說自己摔倒啊！這讓爸媽比較安心點。」

「實話實說，把大峰他們三人欺負我的事一五一十說出來。」

說？不說？該如何說？阿益困惑了。

解決問題的祕訣指南

祕訣060

覺察孩子心中的未爆彈

隱瞞，就像把一顆未爆彈深深地埋藏在心裡頭，由於不想讓人知道，孩子得獨自承受壓抑的負擔。不能說的祕密，有時還真令孩子喘不過氣，常常得擔心「被發現了該怎麼辦」。

但請先想想，孩子為什麼需要隱瞞，自行承擔這種壓力？有些孩子是出於孝順和貼心，不想讓爸媽多擔心而下了隱瞞的決定。其他的可能原因還有很多。

別忘了，未爆彈深藏於孩子心中，就像定時炸彈在倒數計時。**我們是否有所察覺？**

祕訣
061

留意孩子的「隱瞞牌時光膠囊」

不同的孩子，選擇了不同的隱瞞內容，同時也各自有不同的開封時間。有的會在特定的時間開啟；有的則把保存期限日期壓久，防腐劑多加一些；有的則索性讓它在心中沉沉睡去。

你是否熟悉孩子通常使用哪一款的隱瞞牌時光膠囊？做錯事？被欺負的事？自認不可告人的事？好康但不願讓你知道的事？

請留意孩子「隱瞞牌時光膠囊」的產品標示、製造日期及保存期限，並仔細思考孩子隱瞞這件事。

祕訣
062

考量隱瞞的兩難抉擇

在說與不說之間的掙扎，往往令孩子焦躁到難以抉擇。我們不妨來想想，先排除「不想讓父母擔心」這個原因。

告訴爸媽或老師，問題是否就可以迎刃而解？說了的利多是什麼？利空呢？同樣地，反過來想，那隱瞞對孩子是好還是壞？短時間或長時間不說，又會如何呢？

隱瞞事實，是否就等於不誠實？我想這需要就事論事，並不是非黑即白。瞞住、放在心中不說，那要看是什麼事，以及孩子在當下的考量是什麼。是為自己好，也為別人好？為自己好，但別人不好？自己不好，但別人好？還是隱瞞了，導致彼此都不好？

我們不能只是抱怨孩子為什麼不說。請思考：「孩子為什麼要對我隱瞞？」

在親職諮詢過程中，常聽到「我們是爸媽，他不跟我們說要向誰說？」的質疑，其實有些事一百八十度翻轉一下，思緒會更清晰。「為什麼你們是爸媽，孩子就需要向你說？」除非在平時，你們彼此的親子關係便有好好的維繫與建立，否則這不是必然的。

試著以孩子的立場來思考，說或不說，考量各有不同。當孩子有所隱瞞時，他所要傳達的訊息也隱藏於其中，請貼心解密。

祕訣063

培養訴說的氛圍

我們需要自評在家裡「訴說的氛圍」有多少。

想讓孩子訴說、不隱瞞，需要營造那份讓孩子無負擔說出來的情境——隱私、尊重、傾聽、專注、同理、接納及信任。

請別小看區區這幾件事，雖然很好說，但不容易做。然而卻值得、也必須好好地練習去做。**先別設定完成日，慢慢來，一步一腳印，急不得。**

請在家中預留孩子訴說的空間，**想想在什麼情境下，孩子最容易開口對你說。**

祕訣064

讓隱瞞的冰山浮現

表露就像是冰山的一角，隱瞞卻像是在水面下的大塊冰山。如何讓隱瞞浮現，我想，爸媽可以試著先從「自我表露」開始。多和孩子分享自己生活中的人、事、物，就算是深藏在心中的祕密，也該有解密的時間。

你的分享，是一種示範。像說故事一樣，原著、改編都行，只要劇情別離譜到連自己都不相信就行。你的分享，讓孩子知道原來在這個屋簷下，有些話是可以放心說出來的。對方願意傾聽，試著了解，慢慢地可以懂得，甚至於彼此交換一些解決問

問題十二

【我討厭那個人】為什麼不能老實說出口？

某次演講時，有位媽媽在Q＆A的過程中，問了我一個關於孩子人際困擾的問題：當討厭的人也想和其他同學一起來家裡玩時，孩子不知道該如何處理，而把這個問題拋給了媽媽；當然，也拋出了一個令父母不知所措的困惑。

討厭對方，為什麼不能老實說出口？這是一個好問題，也是許多孩子心中的疑惑。自己可以斷然拒絕？還是要勉強接受？迂迴婉拒？或置之不理？

遇到這種狀況，孩子可能會產生和小玫一樣的困擾。

「小玫，明天下午我可以一起到你家玩嗎？聽說阿芳、小蓮和彤彤也都會去。哇！我想明天一定很好玩。」放學時，珍珍問小玫。

「嗯，可是……」小玫支支吾吾地說。

「可是什麼？」珍珍問。

「嗯，可是我不能做決定，我還沒問過她們三個人耶！」小玫說。

「但我要去的是你家，怎麼還需要問別人呢？」珍珍追問。

「是沒錯，可是……」小玫一副欲言又止的樣子。

「所以我可以去嗎？我真的、真的很想一起去。」珍珍說。

小玫還是給不出答案。「可是——」

珍珍打斷了她。「別再可是了啦！不然我幫你問她們，多我一個也沒差，對吧？」

「喔！不用、不用，不用你去問。」小玫趕緊說。

「所以你的意思是……答應囉？」珍珍滿懷期待地問：「你會歡迎我去吧？」

「嗯，歡迎是歡迎，只是……」其實自己心裡想的是「一點都不歡迎」，但小玫實在說不出口。

珍珍開心大叫：「耶！我就知道你會歡迎。真的是超期待、超期待的。」

「可是我昨天跟我媽媽說，只會來三個同學而已耶。」小玫還是想找理由推託。

「哎喲！你家那麼大，哪怕多我一個人？伯母一定會答應的，對不對？」珍珍說。「明天下午應該準備什麼呢？還是我去問問阿芳、小蓮和彤彤她們三個人，說不定明天我們可以一起去喲！」

「嗯，等一等！其實我想告訴你的是，我根本……」小玫一開口就變得支支吾吾，欲言又止，但心裡卻在想：「拜託！我討厭你這個人，怎麼可能答應你到我家來玩？」只是她實在說不出口，雖然不喜歡，卻又很難直接拒絕。

「我好想乾脆實話實說，其、實、我、一、點、都、不、希、望、你、來！更何況是來我家，我可是主人，我當然有決定權。多你一個人，氣氛差很多耶！只是……」

你的孩子，也跟小玫一樣煩惱不已嗎？

解決問題的祕訣指南

祕訣065 探索言不由衷背後的想法

祕訣066 學習善意的謊言

祕訣065

探索言不由衷背後的想法

明明就沒邀請那個討厭的人，她卻也想來家裡玩，這對孩子來說真是一道難題。當對方發出一波波想說服自己的話，孩子總覺得自己的回應言不由衷。

「歡迎是歡迎，只是……」這並不是孩子的真心話，你沒看後面還有「只是……」的難言之隱。但為什麼孩子卻脫口而出「歡迎是歡迎」？

言不由衷，是否出於孩子在乎自己給別人的印象？她是否因顧慮朋友批評：「真小氣，只是多一個人到你家，幹嘛拒絕？」而難以回絕？

因為在意他人的看法而感到不知所措，或許正是孩子無法實話實說的關鍵。

感謝討厭的人，讓我們更認識自己。所以，反而要讓孩子學習感恩對方讓她成長呢！

祕訣066 學習善意的謊言

假如孩子真的不希望討厭的同學到家裡玩，我們到底該鼓勵她誠實說出來，還是添加一點善意的成分說個謊，讓對方不要來，同時又有個台階下？

這是個兩難的困境。

當孩子心中有了這個疑惑，而被問的你也不知所措時，你們倆可以聽聽彼此的感受。**讓孩子了解，生活中處處充滿著類似的難解習題，而我們都在學習如何面對與解決。**

如果孩子選擇不帶任何修飾地反映自己內在的想法，告訴對方：「很抱歉，我討厭你。我真的、真的不希望你來！」這話說得太銳利、太直接。雖然坦白，但容易傷了對方的心。

當然，也不一定要孩子違背自己的意願，勉為其難地接受她討厭的同學到家裡。孩子有權利視自己的感受來決定邀約誰、拒絕誰。

那麼，面對眼前這個難題，孩子是否可以帶點善意地說謊，修飾一下說話的方式？

祕訣067

拿捏修飾與說謊的分寸

人與人之間的互動，貴在真誠。真實表達出自己內在的想法當然好，但如果帶點貼心的成分，考量對方的感受及對理由可接受的程度，我們說的話是可以修飾一下的。修飾，不一定等同於說謊。

討厭，可以放在心裡。如果要把討厭的想法說出來，就要看我們如何表達了。

畢竟說話是一種藝術，該如何開口才能夠忠於自己，同時也讓對方感到自在，需要花一番心思學習。對於被拒絕的一方而言，失望之情在所難免，請提醒孩子若自己的反應太直接，很容易把彼此的關係鎖死，造成衝突。

祕訣068

掌握表達的方向與原則

人與人之間的對話，沒有標準答案，也沒有SOP（標準作業程序），但可以彼此腦力激盪，發想出更多可能性。

如果孩子的內心就是不希望這位討厭的同學到家裡，這一點請你給予尊重。在回應的方向上，可以鎖定明日下午的聚會就是四個人：阿芳、小蓮、彤彤和孩子自己。

另一個原則是，無論如何都不要用言語傷害到對方。**孩子可以選擇拒絕，但沒**

有權利採取嘲諷、揶揄、批評、謾罵、數落、指責等說話方式。

請再次提醒孩子：討厭是一種權利，但不等同於可以傷害。

祕訣
069

多思考，避免支吾其詞的回應

當孩子說話支吾其詞、呑呑吐吐時，很容易讓對方誤以為她的態度是猶疑不定的，認為如果自己繼續堅持的話，她很可能受影響而妥協。

這樣的表現多少顯示了孩子在回應上有所顧慮，或者當下腦海裡無法順利提取適當的資料庫來反應，這也是為什麼平時就要多思考、多用腦、多演練的原因。

支吾其詞提醒了孩子在平時就要多想一想，多勤練表達的功夫。

不妨**和孩子進行一場角色扮演**，你來演那個討厭的同學，和孩子進行一場對話吧！**記得要把各種可能的情境與狀況都演出來、說出來，看看孩子如何見招拆招**。

我們常常告訴孩子知識，卻少了一份實際的練習。

練習、練習、練習，親子之間就是得多加練習。

問題十三

【營養午餐倒胃口】你發現孩子編謊的破綻了嗎？

我承認，從小就很難忍受蒸過的便當。特別是當飯菜混搭在一起，在午餐時間把蒸過的便當打開時，那股五味雜陳的溼熱味道真是讓我倒足了胃口。這種對於蒸便當的長期排斥，當然是一項很主觀的經驗。

另外，我從小就走「偏食」路線，是一個討厭蔬菜的小孩。也許你很難想像，我敢吃、愛吃和喜歡吃的第一種蔬菜，竟然是香菜。和蔬菜結善緣，還真是花了我好多、好多年時間，我直到成年後才對蔬菜逐漸有了些微好感。

然而，青菜蘿蔔，各有所好。吃這回事，沒什麼標準答案。

茄子——太紫了，阿光用筷子隨手一撥；花椰菜——唉！長相真的不好看，再撥；豆干——咬個兩口，味道不對，索性吐了出來。「怎麼會有這麼難吃的鬼東西啊！」阿光心中抱怨著。

望著眼前沒動幾口的餐盤，阿光真是倒盡胃口。他現在只能先痴痴地等，等待美妃導師指定的倒廚餘時間。「唉！廚餘桶吃的還比我多。」每回阿光把剩菜、剩飯往桶子裡倒時，總是如此想著。

他倒廚餘的動作已經很順手了，當下倒得臉不紅氣不喘。只是回到家裡，面對媽媽老愛問個不停，倒廚餘這件事，自然成了阿光心中一個不為人知的祕密。雖然班上同學大都知道他這麼做，但是可不能讓媽媽知道。

「阿光，今天學校的營養午餐吃什麼？」媽媽像是在做市場調查般地問著。

「媽媽，有茄子、花椰菜、豆干、香菇和紫米飯。」

「營養午餐有吃光光吧？」

「當然有啊！」說這句話，阿光有些心虛。他很擔心被媽媽知道，其實很多飯菜都被自己倒進廚餘桶了。

「奇怪，你的食欲怎麼這麼好？學校營養午餐吃光光了，怎麼一放學就馬上跟我要東西吃？這麼容易餓。」

「媽媽，我可是正在發育啊！」

「但怎麼沒看你多長幾塊肉？」

「拜託，我的消化吸收可是很好的。」

這麼和媽媽你一言、我一語的，讓阿光很緊張，生怕廚餘的事露了餡。阿光心裡很清楚，自己並不是說謊的料。

「阿光，既然學校的營養午餐你都那麼愛吃，我想乾脆週末的時候，媽媽也來比照學校的菜單，來親手料理茄子、花椰菜、豆干和香菇，怎麼樣？看你是想要吃醬燒茄子、魚香茄子、蒜香茄子或塔香茄子都行喔！你覺得我的建議如何？」媽媽露出喜悅的笑容。

「天啊！紫色的茄子，不要吧！」阿光吞了吞口水，倒抽了幾口氣。然而這句話只能在心中吶喊著，不敢說出口。

解決問題的祕訣指南

祕訣070

說大道理，請酌量

當孩子把自己不愛吃的營養午餐倒進廚餘桶的同時，也選擇了隱瞞。面對這一點，除了身為爸媽總會出現的無效批評、責罵等「標準程序」之外，也請提醒自己，「使用道理，請酌量」。

孩子不愛聽道理，也害怕聽道理。特別是關於「吃」這件事，如果爸媽也不假思索地來個通盤大道理，儘管營養，卻很難令人消化，更會害孩子倒足胃口。

與其不斷地強調：「茄子含有維生素A、B、C、P、鈣、磷、鎂、鉀、鐵、銅等營養素，百分之九十是水分，富含膳食纖維……」倒不如回到**關鍵的問題：孩子為什麼不愛吃這些？**雖然爸媽們沒有進行營養午餐的滿意度調查，但孩子不愛特定蔬菜的反應，我們應該試著予以感受。

你知道孩子挑嘴嗎？了解孩子多一點，孩子的謊言就會少一些。否則，他可能索性編個謊，告訴你「營養午餐吃光光了」，以免再聽你那使人「難以下嚥」的道理。

秘訣071

親師消息很靈通

在日常生活中或學校裡，孩子發生的一些看似微不足道的小事，卻可能因為大人的輕忽與長期不以為意，而慢慢衍生成説謊行為。

對於孩子的表現有所疑慮時，**親師之間可以適時地透過溝通，進一步澄清，並討論出解決方案**。例如，若班上大部分同學都知道阿光常常倒廚餘，那麼導師也應該多少能敏感察覺，並進而與阿光的爸媽聯絡、討論。

讓孩子明瞭關於他常倒廚餘的事，大人的消息很靈通。很多事，爸媽其實都知道，所以回家編謊就不必要。

祕訣 072

順著劇本走

當你發現孩子經常為了拒吃營養午餐而編織謊言，或許**偶爾可以順水推舟，順著孩子謊稱的劇本走**：「孩子，既然你說愛吃、好吃，那麼媽媽乾脆比照營養午餐的菜單，為你親手料理吧！」

有些謊，拆穿的動作可以讓孩子自己來，讓聰明的孩子知難而退。

祕訣 073

兩大關鍵：「逃避」與「獲得」

孩子的每個細微行為其實都傳達了一些訊息。差別就在於，我們大人能否敏銳地嗅聞到這些訊息的意義。

在阿光的例子裡，**「逃避與獲得」是很明顯呈現的關鍵因素**。無論色、香或味，孩子不愛營養午餐是事實。既然不愛，當時間一到菜又端上來，逃避、想盡辦法逃避當然是很本能的一種反應。

只是這個倒廚餘的反應，大人並不愛，所以孩子需要編一個謊來圓。謊編了，爸媽也信了，多少宣示著自己的第一戰「逃避」成功。然而，謊言雖然成功了，肚子卻空等的餓了。於是緊接著第二戰「獲得」——回家後要東西吃以補充流失的能量，當然是選擇自己愛吃的，這也成功了。逃避與獲得，就像有些孩子詐病，謊稱身體不舒服而請假在家，好好度假是一樣的道理。

我們要提醒自己，逃避與獲得就像是孩子說謊球賽的兩大前鋒，得分都靠它們。

祕訣 074

聽出孩子圓謊的破綻

孩子一旦發現謊言好用，學會把幾句話重新排列組合，再加以修飾、調整、更改、套一套和組織一下，新的劇本就到手了。

漸漸地，謊話一個一個圓，而且愈圓愈順，到後來甚至連編謊的人自己都信以為真。而當孩子圓謊圓到能信手拈來，這表示孩子編的謊，你信；編的謊，有用。

孩子的謊言，需要你的配合才能說得圓。但令我好奇的是，**為什麼爸媽沒有發現任何破綻？**

問題十四
【隨便做做，又沒人看見】為什麼孩子不在乎？

「拜託，為什麼苦差事總是落在我身上？人家只要花三分鐘擦個黑板、五分鐘隨便拖拖走廊就行，為什麼大熱天的，我就要一個人在這外掃區掃什麼落葉？」阿榮滿嘴抱怨著。

「再掉啊！再掉啊！」他氣憤地猛搖著樹，葉子紛紛落下。「再掉啊！再掉啊！掃什麼掃？根本掃不完，老師簡直就是在找我麻煩。掃落葉，而且還要掃一整個學期，真是無聊又浪費時間，安排這什麼打掃工作嘛！」

他不耐煩地揮著掃把，索性把地上的葉子掃到一旁的草叢裡。

「反正樹葉和小草是友好關係，那麼就相親相愛在一起吧，省得我還要把你們分離，用垃圾袋把樹葉帶走。而且拖著那麼重的葉子，還要走一段路到垃圾場，我幹嘛啊！反正這裡只有我一個人，隨便掃掃，根本沒有人看見。」

這麼大的區域就只有自己孤單一個人，阿榮心裡真的不是滋味。

「更何況，葉子掃這麼乾淨是要幹嘛？還不是只能得到一個章？拜託，哪有不分工作內容，擦黑板的一個章、拖走廊的一個章，而我花這麼多時間在掃葉子也才一個章。」

一想到「同酬不同工」，阿榮更是沒了認真打掃的動機。

「我猜老師一定不喜歡我，否則不會把我外放到這裡受風吹、日曬加雨淋。我可不是個做事隨便的人，是這份差事逼得我隨便。認真幹嘛？根本沒有人在乎，誰會跑來這裡數地上有多少落葉？不可能嘛！」

人和人之間不比較很難，每次想到自己受到不公平的對待，「隨便」兩個字就立即浮現在阿榮的腦海。

隨便掃掃吧。

阿榮一個人在外掃區隨便掃掃，但他早就做好了心理準備，如果哪天老師問起外掃情況，他的標準答案當然是：「我有很認真在打掃。」若老師再問：「地上落葉怎麼有多沒有少？」他只需要回答：「風一吹，樹上的葉子自然就掉落了……」一切歸咎於大自然，準沒錯。一想到這裡，阿榮忍不住志得意滿起來，原來自己的腦袋還滿聰明的嘛！

一個人在外掃區清掃落葉，真的很心不甘情不願。

解決問題的祕訣指南

祕訣075 調整「同酬不同工」的做法
祕訣076 貼近孩子內心的感受
祕訣077 你在乎，孩子就不隨便
祕訣078 給孩子爭取權利的空間
祕訣079 大人請善解人意

祕訣
075

調整「同酬不同工」的做法

公平性，往往也決定了孩子面對事情的態度。「同酬不同工」，不只會削弱大人工作的熱情與意願，在孩子的世界裡，則會引起「想逃避」的動機——為什麼做不一樣的事，結果得到的都是相同的一個章？更別提孩子還認為，自己做的事總是比別人更多、更難也更複雜！

同酬不同工，難免會使人心感不平。

對孩子來說，為了撫平內心的不滿，有時索性自己來決定工作內容。反正最後的報酬和獎勵都一樣，何不自行把工作內容打個折？從八折、七五折到六折，或者乾脆一點下殺到對折。

工作打了折，心裡也舒坦些，因為這樣掐指一算，自己的付出與獲得才對等。

說謊，等於是對誠實打了折。而當誠實一路下殺到低於成本價，信用也賠本了。只不過折扣歸折扣，這件事只有當事人自己知道。為了避免讓老闆（老師）知道後不開心，把自己叫到跟前數落、責罵，交付更多打掃工作，說謊，便成了必要之惡。

孩子做的事情是否同酬不同工，這一點，我們大人得先想通，並提醒自己：**對孩子來說，不公平的事就像是吹笛人的誘惑笛聲，容易牽引出他內心那條說謊之蛇。**

祕訣
076

貼近孩子內心的感受

有時對孩子來說，說謊是一種消極反抗的方式。或許孩子心裡在想：「誰叫老師不愛我，總是把我下放到邊疆掃落葉。」畢竟來明的、對立反抗，自己只是吃力不討好，落得下場更糟，乾脆帶點謊，老師不一定知曉，把老師唬得一愣一愣的，自己也樂在其中。

試著從愛與在乎出發，貼近孩子的感受。不管是誰，都希望被呵護。

祕訣
077

你在乎，孩子就不隨便

誰在乎落葉？誰數過地上的落葉？誰管落葉是否被掃到草叢堆裡去？或許孩子心想，對這些沒有人在乎的事編個謊，大概也沒有人會要來拆謊。這種不相干的事情，誰會來理？

你在乎孩子有沒有把落葉掃乾淨嗎？

莫讓孩子認為你漠不關心，而感到心灰意冷。

有些事，當孩子自行評估「根本沒人關心、沒人管」時，「隨便」這個詞便會篡位，登上他心頭——反正隨便掃掃，沒人知道；隨便掃掃，沒什麼大不了；隨便掃掃，只有自己明瞭；隨便掃掃，老師問了說有認真就好。

隨便這個詞，都是大人與小孩一搭一唱培養出來的。**為了讓孩子「不隨便」，我們得讓他見識到大人對於所交付任務的在乎程度。**

你的在乎，將讓孩子的隨便心態遠離。

祕訣078

給孩子爭取權利的空間

心裡不平的感受，對於當事人來說再真實不過。

如果問題持續放在那裡，不面對、不解決，也不捍衛自己的權利，就像打掃工作一學期不換，這種不公平的感覺不會消失。當其轉化為隨便的態度，對孩子終究是一種無形的慢性傷害，將會蠶食孩子的品格、責任感及努力的動機。

鼓勵孩子爭取自己的權利吧！當他能面對問題，捍衛權利，縱使結果差強人意，也對得起自己。

如果認為老師的安排不公平，就試著說服老師吧！學習會爭取、有努力、夠積極，縱使最後結果不盡如人意，能夠面對自己至少就值得肯定。

而大人們要注意的是，**我們是否提供了孩子爭取權利的空間？**

祕訣079

大人請善解人意

孩子會把答案寫在表情中，記錄在說話內容、音量及語調上，同時搭配肢體動作讓你參考。當然，有時也難免出現一些行為讓你煩惱。

善體人意的老師，請試著去了解班上孩子的心情，進行合理的工作內容調整。這時如果進行滿意度調查，你的分數會破表。

讓孩子感受到你的誠意。**有時大人的微調，對於孩子來說卻有可能形成巨大的改變。**

當老師願意傾聽心聲，孩子的隨便心態亦將隨風而逝，取而代之的是認真、負責和積極。當然，說謊、編謊與圓謊的行為，也會自動消失。

問題十五
【寫功課故意拖延】這種方式表達比較安全？

我一直很心疼及不捨放學後直奔安親班的小朋友。在小小的教室裡，擠進滿滿揹著書包的身影，有時帶著滿臉無奈，但又莫可奈何。

比較幸運的孩子，有些父母會選擇較多元的安親班，而吸引人的亮點，在於安親班「好好玩」，能夠玩出學習、玩出人際、玩出樂趣，也玩出好心情。

只是很可惜，許多孩子被安排的環境通常不是如此。

我的孩子一直沒有上安親班，久而久之，他們視安親班為畏途，若非必要，能不去就不去，對他們而言，放學後能夠直接奔回家裡，是一種放鬆與幸福。當然，有些小朋友必須上安親班是情非得已，或許雙親都在上班，無法在小孩放學後，第一時間陪伴。

我曾經遇過一個接受諮商的孩子，到了安親班，他往往無奈地坐在自己的位子上。由於就算寫完了學校作業也不能玩，因為還得多寫安親班的量，於是，他索性自己研發出另一種生存之道——慢慢寫、慢慢寫，只寫學校作業，而且真的是慢慢寫、慢慢寫，就這樣慢慢寫到安親班下課時，爸媽來接他。

他說：「媽媽，我沒有說謊喔！我在安親班真的都在寫功課。」

但是爸媽很納悶，為什麼兩、三個小時一直都在寫學校作業，而安親班的評量一樣都沒寫？學校作業明明並不多，為什麼還是寫那麼久？

有的父母因而懷疑是不是孩子不認真，邊寫邊玩？還是注意力有問題？會不會是ADHD（過動兒）？還是手眼協調不好？精細動作太差？手部缺乏肌耐力？握筆姿勢不良？或是寫字速度太慢？

有些安親班為了管理上的方便，以及迎合多數爸媽的心理，做法不是很符合人性，堅持每個孩子在那兩、三個小時中，一律都得坐在自己的座位上。做什麼？就是不斷地寫寫寫、寫寫寫、寫寫寫。

於是，孩子先寫學校作業；寫完的人，再練習安親班準備的評量。不用擔心沒卷子可寫，安親班的評量備料可多的是。玩？門都沒有。

我遇到的孩子，就是落在這樣的安親班裡。

他說：「媽媽，你一定要相信我，我在安親班真的一直都在寫功課！」

孩子很清楚地精算好了寫作業的速度：過與不及都不是好事，最好的謀略就是在安親班的總時間內，將時間都分配給學校作業。而最高指導原則就是：離開安親班時，剛好把回家作業寫完。

孩子沒有對你說謊，只是他選擇慢工出細活地寫作業。雖然這樣子做，並沒有達到你的期待。

解決問題的祕訣指南

祕訣080　孩子會選擇性地說
祕訣081　合不合理，不是大人說了就算
祕訣082　請詳閱孩子的「陳情書」

祕訣083 體諒孩子的理想狀態
祕訣084 叩叩叩，敲敲孩子的心門

祕訣080 孩子會選擇性地說

一句話要怎麼說，孩子已經學會了斟酌。他沒說謊、沒誇大，也沒扭曲，他只是選擇了安全的方式開口。依這樣的態度來看，我們應該為孩子的深思熟慮感到安慰。

親子之間，有時容易因彼此的期待存在著落差而劍拔弩張，衝突情勢一觸即發。而每每談到功課或安親班這種「地雷」議題，孩子的避險能力總是略遜一籌。但是，孩子的真心話是：「班上作業才剛寫完，還要來個安親班的功課？這太對不起自己了！」

為了不違背自己的意願，孩子便研發出了屬於自己的應變方式——選擇性地說。正如他反覆向你強調的：「媽媽，我沒有說謊喔！」只不過，他可能是順著自己的心意，勝過於你的期待。

當孩子學會了別勉強自己，找個方式，自我調適，你不能說他有錯。**面對現實壓力，孩子會自行找到調適的出口，雖然或許那不符合你的期待。**

祕訣081

合不合理，不是大人說了就算

有時我們必須先思考，大人的規定與期待是否合理。

例如，大人常說「這一切都是為你好」；「來安親班可是要繳錢的，別浪費我們的期待，能寫就多寫」。在大人看來，玩，不該屬於安親班的課程內容。

對於已經上了一整天課的孩子來說，安親班的時間的確難熬。所以，請讓他選擇對自己有利的方式，比如想休息時，就靜靜在座位上閉目養神。或許這並不符合你的想像，但也不至於對課業有害，雖然，你可能期待考試分數再高一點、再多一些。

不過請記得，**長時間窩在學校和安親班的那個人，是孩子。**

祕訣082

請詳閱孩子的「陳情書」

對於孩子刻意拖延，迴避多寫安親班的作業，你心裡多少會認為「不對、不對」，無法接受孩子的取巧做法。他有能力的，他有時間的，怎麼就只有完成那些？

這個時候，正需要爸媽、孩子與安親班，三者一起把遊戲規則說清楚。

例如，每天在安親班需要完成多少作業與評量，同時並搭配合理而符合人性的配套措施，比如給孩子中場休息時間，但不限於只能坐在座位上；或採責任制，當孩子順利完成作業與評量後，在不干擾他人的情況下，應該給他相對應的自由活動時間。

請合理地說服孩子，並透過協調，尊重孩子的意見，討論出一套各自都可以接受的方案。畢竟，上安親班的人可是他啊！

當孩子向你陳情時，請你表現出願意參考的誠意，尊重他的感受，考量他的需求。眼前的孩子，並沒有說謊。

祕訣 083

體諒孩子的理想狀態

你心中可能仍耿耿於懷，認為孩子還是投機取巧。但換個角度看，或許這是孩子所選擇的生存之道。在不違逆大人的規定，又不勉強自己心意的情況下，雖然無法處處都迎合父母的期待，但**這樣的時間安排對孩子來說，或許已經是最理想的了。**

孩子會精算自己的時間與心力，並從中決定最符合自己狀況的應對方式。只不過，**你願意體諒與接納這樣的理想狀態嗎？**

祕訣084

叩叩叩，敲敲孩子的心門

我們對什麼都感到疑惑，對什麼都質疑，就怕沒有好好考量孩子的心理。有時我在想，我們大人是否常不自覺地挖個坑洞，讓孩子被迫往下跳？

不合理的要求，不耐煩的聆聽，一切依大人決定了就算……再加上爸媽老話一句：「這樣的安排都是為了你好啊！」在這種條件與氛圍下，孩子不得不隨之有所應變。上有政策，下有對策，原來孩子從小就被迫開始練這種功夫。

難道就只能這樣嗎？解決之道無他，**請你仔細聆聽孩子的每一句話，細細加以推敲，解開隱藏在其中的訊息。**

第3部 誠實

遵守規範與界線的智慧

問題十六
【都是他做的】故意栽贓給別人？

許多孩子都會調皮搗蛋，只要是在合理範圍內無傷大雅的玩笑，多少還能輕鬆以對。但是當調皮越了界，孩子犯了爸媽不允許的事，甚至將問題故意栽贓給別人時，大人就必須認真面對了。

「媽，弟弟剛剛把沐浴乳倒光光了，我現在要洗澡沒得洗。」哥哥向媽媽告狀。

「弟弟，你在做什麼？沐浴乳不用錢是不是？真的很浪費耶，我才剛買沒多久！」望著空空如也的沐浴乳瓶，媽媽眉頭深鎖，這已經不是第一次了，上個禮拜的洗髮乳也是如此。

「弟弟把整瓶沐浴乳倒光了，怎麼辦？」哥哥故意問媽媽。

「媽媽，是哥哥叫我泡澡的時候用力倒的啊！」弟弟有點委屈。

「拜託，我叫你倒你就倒？我又沒有叫你一次倒光光。」哥哥馬上反駁，同時心想：「活該，誰叫你這麼聽話。」

「你們是沒有東西玩了是不是？洗個澡也要這樣鬧？再這麼浪費，以後乾脆乾洗算了。」媽媽說。

「媽，所以我今天要乾洗喔？」哥哥故意追問，他當然知道這麼說會讓媽媽更生氣，也正如他的意。

「乾洗？先去拿香皂洗澡啦！反正沐浴乳也不是什麼好東西，我看下次不要買算了。」媽媽果然生氣了。

「可是我剛剛泡澡又沒有泡泡。」弟弟說。

「還沒泡泡哩，你整瓶把它倒光了，還沒泡泡哩！」媽媽罵道。

「真的沒什麼泡泡啊……」弟弟小聲回應。

在一旁看好戲的哥哥得意地心想：「弟弟啊，我知道你很誠實。當然沒什麼泡泡啊，因為已經被我用水稀釋得差不多啦！而且我把沐浴乳整瓶倒在馬桶裡，用力沖水，看著泡泡在馬桶裡旋轉個不停，好好玩！」

「洗澡就洗澡，還說什麼沒泡泡。真的是浪費啊！你這孩子。」媽媽碎碎念個不停。

「媽媽，真的沒泡泡啊！但我剛剛尿尿的時候，馬桶好香好香，有牛奶的味道。而且有好多好多泡泡……」

媽媽一聽弟弟的話，犀利的眼神立刻射向杵在一旁，帶點心虛的哥哥。

遵守規範與界線的祕訣指南

祕訣085 揣摩孩子的心機
祕訣086 處罰，請秤重
祕訣087 面對孩子告狀，請謹慎受理
祕訣088 調整失焦的心態
祕訣089 讓手足心服口服
祕訣090 勇於承擔，加權肯定

祕訣085

揣摩孩子的心機

當孩子出現栽贓、誣陷的行為時，影響的已不單只有他自己，而是越過溪、跨過河，讓另一個無辜的人遭殃受害。

許多的父母面對手足之間出現如此「有心機」的舉動，內心往往滿是困惑、無法接受，不停自問：「我的孩子怎麼會這樣？怎麼會這樣？」

此時，**我們最先該做的是冷靜下來，好好思考孩子栽贓、誣陷別人的目的。**孩子當然不見得會親口告訴你原因，我們得去好好地揣摩。

祕訣086

處罰，請秤重

亂世用重典，有嚇阻的作用嗎？

或許有人點頭稱是。然而，若處罰太嚴厲，反而會使孩子的腦中瞬間浮現警告視窗——前方危險，快逃！為了順利脫逃，總得有另一個人成為誘餌，才能成功轉移爸媽的注意力，免得自己被逮。這時，年紀小的手足最適合。

合理的處罰，適當的後果，多少有助於降低孩子栽贓、誣陷的可能。

祕訣087

面對孩子告狀，請謹慎受理

其實栽贓、誣陷的孩子明知自己是理虧的，這也就是為什麼他要搶先告狀，而且扭曲事實。

控制局勢，先發制人，這一點當然是關鍵原則。先鋪陳一下偏離真實的劇情（劇本是他寫的，他當然心知肚明那是編的）；再讓出面處理的媽媽還沒弄清楚情況，就先直覺地把「錯」貼在弟弟身上。

就這樣，惡人先告狀的目的達到了。

為了避免這樣的狀況，面對孩子告狀，請謹慎受理。

祕訣088

調整失焦的心態

看著對方被栽贓、誣陷的落難反應，可能會激起說謊者內心的得意感，有種「一切都在我的掌控中」的感覺。

當孩子產生這種偏差的心態時，正提醒著父母——請注意，這已非小事，該選個良辰吉時好好處理！

當家有手足，有的孩子會期待在爸媽眼中，自己是比較乖的那一個，於是他把錯推給另一個人，形塑對方犯錯的模樣，以減損手足在爸媽心目中的印象。這變成一場零和遊戲，一來一往，你輸就是我贏，你扣分就等於我加分。

在這場零和遊戲之中，父母除了要隨時校正孩子的偏差心態，**也需要隨時提醒自己，看看自己平時是如何對待孩子。**

祕訣089

讓手足心服口服

身為父母，我們總認為自己對家裡的每個孩子都是公平對待。有趣的是，如果在馬路上隨機進行訪問，可能會發現多數的孩子都直覺地認為爸媽不公平，對家中的另一個小孩總是特別好。

心中的不平，促使孩子想要在愛的蹺蹺板上用力一壓，至少要讓父母的對待維持平衡；當然，若能傾向自己這邊就更完美了。只是孩子畢竟年紀小、涉世未深，力道掌握不好，因此在面對問題時，也很容易使力過度。因而形成了栽贓、誣陷，讓無辜的人受了傷。

要避免這樣的心態出現，負責「路平專案」的爸媽在親子關係中，請讓手足之間心服口服。

秘訣 090

勇於承擔，加權肯定

翻轉孩子對於犯錯的恐懼吧！特別是生活中的輕微小錯，若在你能接受的範圍內，就微笑地接受。但是也請提醒孩子，這並不表示他以後可以再做這樣的事。

例如孩子浪費資源，把沐浴乳倒光光這件事。

「媽媽，我剛剛把沐浴乳整瓶倒在馬桶裡，用力沖水，看著泡泡在馬桶裡旋轉個不停，好好玩耶！」

聽到孩子這麼白目地坦承自己做的「好事」，我想大多數爸媽的自然反應是歇斯底里地把小孩痛罵一頓。

試著用另外一種方式看待這件事吧！**對於孩子的坦誠，請你給他十足的肯定**，甚至要加權多少倍，任憑你決定。

但是要讓他知道，你肯定的可不是他把沐浴乳全倒光了這件事（雖然好奇心也是值得肯定啦！）。

你的加權肯定，將讓孩子的勇於承擔掛牌上市。

問題十七
【我只是好玩而已】孩子玩笑開太大？

荷蘭概念藝術家霍夫曼（Florentijn Hofman）創作的大型充氣黃色小鴨，因為巨大而受到關注，被大家看見，也勾起了許多人的童年記憶。這件「大作」以其藝術表現上的成就及心靈療癒作用，吸引了眾人的目光。

同樣地，對原本就以開玩笑為樂的孩子來說，當他感覺大人的關注不足時，自然會想利用一次「大」玩笑，來吸引爸媽的目光。只是一旦玩笑開得太大，超出了界線，造成的失控後果卻非當事人所能掌控。

玩笑，當然可以開，但應該適可而止。然而孩子對玩笑分寸的拿捏，經常無法把握得剛剛好，甚至索性用玩笑或謊言當作解決問題的手段，卻沒察覺到自己做得太過火了。

「妹妹，你走開，不要弄倒我的彈珠軌道組啦！」小榮對八個月大的妹妹嚷著。

媽媽走到房門外去講電話，不時以眼神要小榮多注意妹妹一點。

「妹妹，你很煩耶，不要碰我的東西啦！走開！走開！」小榮忙著保護自己的玩具。

妹妹被哥哥的大叫聲嚇哭了，媽媽仍然在講電話，以手勢要兄妹倆安靜一點。

「很吵耶！哭什麼哭？煩死了！我再說一次，不要亂碰我組裝好的彈珠軌道！」小榮氣急敗壞地說著。

妹妹當然繼續嚎啕大哭。

「不好意思，孩子在一旁有點吵，我待會再回電給你。」

見情況混亂，媽媽索性先掛上電話，拉開了嗓門：「小榮，你在幹嘛？你沒看我在講電話？要你幫我先看一下妹妹，陪她玩，幹嘛老是把她弄哭？害我都聽不清楚對方在講什麼，真是討厭！」媽媽邊抱起妹妹安撫，嘴巴邊碎念著。

哥哥嘟著嘴，擺出一張再難看不過的臭臉瞪著妹妹，心裡嘀咕著：「討厭？我才討厭她呢！幹嘛沒事老愛亂碰我的玩具，又不會玩，只會搗蛋。討厭！」

想到這裡，小榮突然靈機一動，大喊：「媽媽！媽媽！我的彈珠少了一顆，該不會是被妹妹吞進去了吧？」
他的大聲叫嚷又把妹妹嚇哭了。
「你說什麼？吞進去？那還得了！」媽媽嚇到了，妹妹也跟著哭得更大聲。
哥哥的視線飄向了收納箱，他的橘色小彈珠正靜靜躺在地毯上。
「妹妹，來，妹妹，你趴在媽媽腿上。來，嘴巴張開，頭低低，來。別哭別哭！」媽媽驚慌失措地對妹妹又是拍背、又是壓胸。
眼前的畫面讓小榮感到好笑，心想：「活該，讓你變成彈珠超人。」
「怎麼辦？怎麼辦？彈珠吞進去了怎麼辦？」媽媽急得如熱鍋上的螞蟻，手足無措，妹妹哭得也更歇斯底里了。「要不要送醫院？要不要送醫院？」媽媽口中喃喃自語。小榮的表情也隨著媽媽心急如焚的樣子，慢慢變得僵硬……
那顆彈珠，仍然靜靜躺在地毯上。

遵守規範與界線的祕訣指南

祕訣091 只是期待被看見
祕訣092 這個玩笑，一點都不好笑
祕訣093 學習承擔越界的後果
祕訣094 拿回關注的主動權

祕訣091

只是期待被看見

每個孩子多少都希望被重要的人「看見」。被看見，讓他察覺自己的重要。被看見，他能感受自己的存在。被看見，自己做的一切都值得了。

一旦我們忽略了眼前這孩子的感受，即使近在眼前，距離卻無比遙遠。

請隨時提醒自己是否冷落了孩子？特別是家有兩個以上的小朋友，更需留意。

這個玩笑，一點都不好笑

「我只是開玩笑，好玩而已。」當孩子把這句話掛在嘴邊，他必須知道，有些玩笑一點都不好笑。

對於已有表達能力的孩子，不妨先問問他：「這麼做到底好玩在哪裡？」聽聽看他的回應。

有時讓孩子笑的是大人緊張的反應，例如花容失色、措手不及、歇斯底里，因為這和平常看起來很正經八百的爸媽不太像。而當事人（妹妹）的強烈情緒反應，也是孩子（哥哥）的笑點之一。

接著，請讓孩子知道，這、一、點、都、不、好、笑！

這時，**請拿出你最經典的撲克臉，冷冷地看著他。孩子需要感受到，他的玩笑真的開過頭了。**

讓孩子思考開玩笑的初衷，並且學會適可而止。

祕訣093

學習承擔越界的後果

搭乘捷運、火車或高鐵時，在月台上，你會清楚地讓孩子知道「請勿跨越黃色警戒線」，並且禁止他們在月台上玩耍、嬉戲。同樣地，開玩笑也要有限度。孩子必須知道一旦玩笑鬧得太大了，可能給自己和別人帶來多大的困擾與風險。例如，若因為小榮的玩笑，媽媽真的叫來了救護車……後果是小榮難以承擔的。

當孩子真的越界了，又該怎麼辦？如果玩笑鬧大了，我們**必須讓孩子學習承擔，至少要讓他強烈感受到亂開玩笑背後的責任與代價**。至於承受什麼後果，你可以先把球拋回給孩子，讓他說說自己該負什麼責任，以及爸媽該如何處理。

如果你決定要讓孩子參加「道安講習」——爸媽的說道理時間，請記得在時間安排上，**挑選孩子在乎的時間進行**，例如卡通時間、玩３Ｃ時間或上網時間。至少讓他先承擔被剝奪感，比如美好的時光就這樣……報廢了。

孩子必須明白，當玩笑之河暴漲，超出了警戒線，沖破河堤後的代價將是他難以想像的。

祕訣 094

拿回關注的主動權

或許你已經試過了說道理。但這個方法需要平時慢燉細熬，且要讓孩子理解與明瞭。

又或者當孩子開玩笑開過頭時，你曾給予處罰，讓他承擔後果，也的確換來了短暫相安無事。但你心裡卻沒把握，下一次的玩笑風暴何時會再起？

何不積極一點，讓我們拿回關注的主動權！對孩子的「關愛之球」就在你手上，如何拋出？何時拋出？球速如何？球技怎樣？控球如何？……掌握好這顆球，你將有機會改變孩子愛開玩笑的行為。

對孩子的關注回饋，請你定時設定，讓孩子有感覺——**一種「爸媽真的關心我」的真實感受。**

問題十八
【這不是你的】面對偷竊誘惑，如何與自我對話？

在輔導與諮商的過程中，我常發現許多孩子不太能夠想、不太願意想，也不知道該如何想。老實說這不能怪孩子，當我們大人自己也不愛思考，很少進行自我覺察或反省時，孩子自然也就缺乏這樣的能力。

對於許多父母來說，「自我對話」是很陌生的一件事。然而，孩子的自我對話需要經過引導與訓練。每一次的自我對話，都讓孩子多了一次探詢自己內心想法，覺察與了解自我行為的機會。

更進一步地說，自我對話也能讓孩子在自我控制方面獲得補強，強化自律能力。例如，面對眼前不屬於自己的物品，對於擁有自律能力的孩子來說，無論身旁是否有人或錄影監視，這本來就不是屬於自己的東西，所以他不會去碰。我們不需要額外擔心孩子會不會越了界，犯下偷竊行為。

同樣的場景，換成缺乏自律能力的孩子，面對眼前的致命吸引力，心中偷竊的念頭開始蠢蠢欲動……然而，我們不可能一直陪伴在孩子旁邊。在這種情境下，若要讓孩子適時停手，除非當下他的內心出現自我對話——白天使與黑魔鬼，善與惡的交戰。

想法，決定了一個人的行為。做與不做，端視孩子的心裡如何想。

面對偷竊的鬼魅揮手召喚，就怕孩子不假思索便迎向前去。如果孩子沒有覺察自己的念頭，無法自我對話，心裡未浮現「這不是你的」的想法，他將很容易就越界。

「這不是你的，你不應該拿。沒經過別人允許就不能拿！」白天使阻止他。

「那又怎樣？我喜歡啊！而且現在沒有人看到，拿了也沒人知道。」黑魔鬼誘惑他。

「你拿了不會有罪惡感，不怕被發現嗎？難道你不知道被發現的後果有多嚴重？你沒想過被偷的人，他心裡會多難過？多生氣？」白天使義正詞嚴。

「罪惡感？不去想就沒事啊！更何況現在又沒有被發現，而且以前被發現也不會怎樣。」黑魔鬼實在誘人。

自我對話在孩子內心左右擺盪，結果如何，就要看哪一方最後能夠勝出。

遵守規範與界線的祕訣指南

祕訣095 偷竊，買大送小
祕訣096 減少偷的膽量
祕訣097 「只要我喜歡」的理由太薄弱
祕訣098 注意孩子的好表現
祕訣099 讓孩子對偷竊的後果「有感」
祕訣100 教孩子啟動自我對話

祕訣095

偷竊，買大送小

面對孩子的偷竊行為，父母的第一個挑戰在於「偷竊，買大送小」——**在處理偷竊行為之前，橫在你眼前的將是他的說謊挑戰**。

當然啦，誰會老實承認自己偷東西呢？除非當場人贓俱獲，證據確鑿。再不然，就是孩子對於所有權的概念非常模糊，心智成熟度真的相對不足。否則很少孩子會大聲跟你吆喝：「媽媽，我有偷東西！」

偷竊與說謊就像一對親密的哥兒們，濃密得分不開。在有效地處理了說謊問題後，偷竊的行為問題才能迎刃而解。

祕訣 096

減少偷的膽量

有些事，我們以為神不知、鬼不覺，除了自己沒人曉得。孩子偷竊的膽量，或許正來自於這個「反正沒人看見」的想法，然後更進一步地合理推論，反正沒人看見，就沒有人知道是誰拿的……這時，偷竊行為不會招來立即的代價，因為他還沒想到會被抓，自然也沒有任何後果可言。

「不會被發現」的念頭像個壞傢伙，總是在腦海裡引誘孩子犯錯。但我們需要**讓孩子知道，有些事只是時間問題，遲早有一天，他會被發現。**

祕訣 097

「只要我喜歡」的理由太薄弱

誰說只要我喜歡就什麼都可以？「我喜歡」這個理由太薄弱，也太缺乏支持論點。

與此相比，我倒是比較好奇，當孩子非常喜歡眼前這個東西時，爸媽知不知道。倒不是說就得立即滿足孩子，隨手買給他。值得思考的是：**當孩子向你反映他有多喜歡時，你是如何回應的？**

●斷然拒絕？（在此之前，或許可以先聽聽看孩子怎麼說，畢竟那是他很愛的。）

●協調承諾？（讓孩子知道喜歡是一件事，但如何取得又是另一件事。不過，這麼做至少有和孩子討論，讓他感到多少還有一線生機。）

●延宕滿足？（或許你會給，但需要孩子多點耐心等待。）

●選擇替代？（告訴孩子：「爸媽知道你喜歡，但你也有其他所愛啊。先玩以前的吧！」）

祕訣098

注意孩子的好表現

「為什麼有些話我已經強調很多次了，但孩子仍然出現偷竊的行為？」這一點，是一些父母共同的疑問。

的確令人費解。照理說，爸媽被叫到學校，孩子應該會感到羞愧。明明知道自己偷東西、犯了錯，會引來爸媽責難，甚至讓他們為此得常往學校跑，比平時參與學校的活動還頻繁，身為當事人的他卻顯得樂此不疲，甚至感到滿足。

或許，孩子只是想換個方法，吸引你的注意。

你可能不以為然。什麼方法不選，竟然選擇偷竊！但是對孩子來說，只要能夠讓你注意到他，就是有效的方法。

你選擇看哪裡，孩子就會從那裡回應你。所以，該是我們仔細注意孩子的好特質、好表現的時候了。

祕訣
099

讓孩子對偷竊的後果「有感」

當孩子出現反覆性的偷竊行為時，除了考量生理上（例如衝動行為）、心理上（例如強迫行為），當事人較無法自我控制的一些因素外，根據我的經驗馬上浮現在腦海裡的疑問是：先前對於行為後果的處理，似乎沒有達到應有的作用。

到底怎麼做，才能讓孩子對於後果有感覺？我想，關鍵在於**我們對眼前的孩子了解多少。我們知道他喜歡什麼，又討厭什麼嗎？**

如果孩子對偷竊所帶來的後果沒感覺，那麼，繼續偷下去反正也無所謂。讓他「有感」，才有助於抑制偷竊行為。

祕訣100

教孩子啟動自我對話

啟動自我對話，開始內在語言的練習，將讓孩子有機會了解自己對事物的感受與看法。例如：

●「現在有沒有人發現根本不是重點。因為眼前這東西本來就不是我的，我根本不會去拿。」

●「雖然我喜歡這個東西，但它不屬於我。如果我真的想要，得試著想辦法用合法的方式取得。」

●「讓爸媽注意我的方式有千百種，我沒必要用那些讓自己和父母都難堪的方法。我相信，我能夠聰明地用更好的表現贏得他們注意。不然，直接將自己希望被注意的想法說出來，也是個可行的方法。」

●「我才不會那麼笨，誰知道後果如何？幹嘛給自己惹麻煩。不是我的東西，我根本不會去拿，也沒必要碰。」

讓孩子練習把類似的話說出來，讓自己聽見。隨後，再慢慢練習在自己的內心對話。

問題十九
【小學生有臉書】孩子謊報年齡申請臉書，怎麼辦？

「哎喲，怎麼事情一忙，就有這麼多則待回訊息啊！不回覆還真有些不禮貌。」小晴媽邊瀏覽手機，邊喃喃自語：「現在的智慧型手機到底是讓人變得有智慧，還是反而被控制得更笨？」

叮咚、叮咚、叮咚，臉書的訊息聲響個不停。

「媽，你的手機能不能借我看一下？」小晴問媽媽。

「看什麼？」媽媽回應。

「我想要到臉書看看同學的塗鴉牆，還有其他人的留言訊息。借我看一下嘛！很快就還你了。」小晴說。

「小學生有臉書？」媽媽感到很疑惑。

「拜託，我們班上很多人都有臉書帳號好不好，我看可能只剩下我沒有。唉！真是可憐。快借我看一下啦！」小晴說。

「不對啊，就我所知，申請臉書帳號需要滿十三歲，你們小學生哪個超過十三歲？哪有什麼資格申請臉書。」

「媽媽你也幫幫忙，拜託，別落伍了。只要改個出生年不就行了？我們同學都用爸媽的出生年，再加上自己的生日，隨隨便便就可以申請到帳號。臉書查不到的啦！」小晴不以為然地說。

「不對啊，你們班上同學用假的出生年月日來蒙混過關，申請臉書帳號，這本身就是不對的行為。」媽媽說。

「哎呀，又不會怎樣，只是用個臉書而已，哪有那麼嚴重。」小晴覺得媽媽太小題大作了。

「小晴，用假資料申請就是種不誠實的行為。」媽媽正色說。

「媽，你想太多了啦，更何況有很多同學都這麼做，在學校很普遍，有些人還用共同帳號。」小晴不耐煩地反問：「媽，那我問你，如果這個行為這麼嚴重，為什麼還有那麼多同學都在做？我們班上還有人是爸媽幫忙申請帳號的，那又怎麼說？」

媽媽有點被小晴的問題考倒了，特別是聽女兒說，班上還有同學是爸媽代為申請帳號的，她真的感到一陣混亂又茫然。

「大人都不誠實了，那孩子怎麼可能不說謊？」

叮咚、叮咚、叮咚，臉書的訊息聲仍不停歇。

遵守規範與界線的祕訣指南

祕訣101 尊重孩子的疑惑與詢問

祕訣102 別批判，先聆聽

祕訣103 尋找彈性的替代方式

祕訣104 當爸媽知情不報……

祕訣105 關於謊報年齡的「延伸討論」

祕訣106 是非觀念要堅持

秘訣101

尊重孩子的疑惑與詢問

當孩子主動向你表示她還沒申請帳號，或者詢問你，她是否可以比照其他同學的做法申請帳號時，**首先，你應該感到欣慰——至少她還願意徵詢爸媽的意見！**現在有太多孩子乾脆連問都不問，直接填上e-mail，再把出生年份多加個幾歲，臉書帳號就直接入袋。

我家就讀國小高年級的姊姊曾經不止一次問我：「爸爸，我可不可以申請臉書？」「爸爸，為什麼我不能有臉書？」對於女兒的疑惑與詢問，其實在當下我是感到高興的。至少這樣的態度，已經充分展現了對父母的基本尊重。

秘訣102

別批判，先聆聽

別急著批判，先聽聽孩子關於申請臉書的想法。

●也許是同儕之間的一種認同或歸屬——你有，他有，我也有。

●也許是一種現代孩子的溝通模式。明明兩人就坐隔壁，還在用訊息傳來傳去。

●也許是孩子展現自己、秀自己、分享自己的舞台，或者藉以了解別人的生活動態（雖然臉書內容不見得為真）。

●或者宣示自己的交友戰力，比較朋友數的多寡。

●玩遊戲的當然也有。

●讓自己同步跟得上時代潮流的動機，也很常見。

別批判，先聆聽，有助於進一步了解孩子的需求，例如人際與情感。同時，可以進一步掌握孩子對於謊報年齡的態度，及目前小學生的現實生態。

祕訣103 尋找彈性的替代方式

如果你堅持孩子未滿十三歲，不符合臉書使用年齡的規定，不能申請臉書，不妨試著以其他的替代方式，來滿足孩子現階段的需求。例如，鼓勵孩子在校內或課餘時間多主動與同學互動，練習面對面地聊天、分享或溝通，甚至邀請同學到家中作客都行。

然而，臉書這種媒介能夠滿足不同的需求。臉書的威力，的確勢不可當。**如果孩子希望借你的臉書app來了解同學的動態，我想，這也是一種有彈性、可接受的做法。**

祕訣104 當爸媽知情不報……

孩子可能存在著一種疑惑：為什麼同樣的規定，有的爸媽堅持遵守，但有的爸媽根本毫無所謂，認為謊報年齡幫孩子申請帳號無傷大雅？

面對這樣的疑問，我們可以**透過討論讓孩子了解，對於同一件事，每個爸媽可能各自存有不同的解釋與看法。**

家長如何看待臉書？可能的情況如：

- 自己也不了解臉書，反正按讚就對了。
- 對孩子的信任與放手、放任或不管的程度。
- 期待透過臉書，了解孩子的生活、想法或交友狀態。
- 父母本身對於生活上、工作上、網路使用上，相關規範的遵守態度。例如衝撞規定、挑戰規定、死守規定、彈性配合規定，或規定由自己決定等。

請仔細留意，自己是否為推動「謊報年齡」的那隻手。

祕訣 105

關於謊報年齡的「延伸討論」

在和孩子討論臉書的限制規範之前，或許可以**先聽聽看，孩子對於臉書的了解與認識有多少？**還是只停留在交友、玩遊戲、做心理測驗？

接著思考，為什麼臉書特別設定未滿十三歲不能申請帳號的限制？它的考量是什麼？

再回到現實面，為何現在有這麼多小學生謊報年齡？他的爸媽、老師知不知情？對於網路規範的遵守又是抱持何種態度？

這些都是可以從「謊報年齡」這個行為延伸出來討論的細節。

祕訣106

是非觀念要堅持

有些話，試著和孩子交代清楚，特別是一些「是是非非」的概念。

例如，並不是很多人都在做，就表示該行為是可以被接受的。我們**要留意孩子的想法是否被「反正」兩個字，漸漸吞噬了**——「反正大家都是這樣，所以我根本也不會怎樣。」

當「反正」兩個字浮現出來，孩子就很難有所改變。

問題二十
【身上好像有菸味】青春期孩子偷抽菸？

在與青春期孩子進行輔導諮商的過程中，來自於學生身上的菸味，往往傳遞著某種特定的訊息，等待著我們的傾聽、感受與解讀。

當然，菸味也挑戰著彼此的關係。孩子正檢視著我們的接受度，以及是否總是以偏見來看待他。

「抽菸＝？」請先別急著馬上填上答案，畢竟眼前的孩子，我們都還不大熟悉。嗅著菸味，讓我先想到的，往往是青春期孩子與他父母之間的關係，特別是信任的關係和溝通的模式。

「你的身上怎麼有菸味？」媽媽問明強。

明強低著頭聞了一下外套。「有嗎？我怎麼聞不出來？」

「我隔這麼遠都可以聞得到，你的嗅覺有那麼差？」媽媽心想，接著小心翼翼地問：「你是不是去了什麼地方？」

「什麼地方？我不知道你在說什麼？」明強鎮定回應。

「還是你跟誰在一起？」媽媽問得有些顧忌，畢竟到了青春期，孩子對於被質疑是相當敏感的。和孩子說話就像走在高空繩索上，深怕一說錯話，立即墜入深淵，所以必須很小心謹慎。

「媽，我真的不知道你在說什麼。可以有話直說嗎？」明強反問。

愈是聽兒子這麼說，做媽媽的反而愈不知道該如何問下去。

但，明強身上的菸味真的很刺鼻。不，應該說這個味道讓她感到厭惡。而在這股菸味的背後，媽媽內心焦灼不已，一直在思索孩子是否隱瞞了抽菸這件事。

「我到底該怎麼問，才能讓他願意坦承？」

「媽，你到底想要說什麼？還是你認為我抽菸，所以身上才有菸味？」明強開門見山說得直接，反而讓媽媽有點招架不住，不知道該如何是好。兒子沉穩的語氣，反而讓媽媽備感壓力。

「你是懷疑我抽菸？」明強追問，讓媽媽有種被步步逼近的感覺。

「嗯……嗯……嗯……」媽媽顯得支支吾吾，「我沒有那個意思啦！我沒有懷疑你抽菸，只是……」

「只是什麼？」明強問。

「嗯……嗯……嗯……」媽媽答不出話來，心裡卻在想：「孩子，如果你真的抽菸，乾脆就直接告訴我吧！雖然我不想要聽到這個答案。」

菸味，仍然陣陣刺鼻，令人作嘔。

遵守規範與界線的祕訣指南

祕訣107 真誠相待
祕訣108 站在對方的立場傾聽
祕訣109 有話直說的約定
祕訣110 肯定孩子的坦誠

祕訣107

真誠相待

與青少年對話時，父母雖然試著在意孩子的感受，卻往往弄不清楚他到底在意什麼。這是一種很矛盾的心情，照理說自己和孩子相識這麼久了，應該能夠懂他才對。

當青春期孩子做出了你所不期待的表現（例如抽菸），在與孩子對話時，若我們顯得欲言又止、支支吾吾，流露出想問又不太敢問的顧慮，這一切其實都被孩子看在眼裡。他只是悶不吭聲，以靜制動，先看你如何反應。

和青春期孩子對話——特別是當話題相對敏感，可能是隱私、尷尬，或孩子做了不該做的事時，我想許多父母難免會戰戰兢兢，特別留意自己的用字遣詞是否適當。

的確，不敏銳點仔細推敲所用的詞彙可不行，父母生怕自己一說錯話，踩空了而讓關係墜入無盡深淵。奇怪，明明自己的腳就踏在質地堅硬的羅馬地磚上，人就坐在柔軟舒服的沙發上啊，為什麼卻有一種腳踩高空繩索，底下竟是大峽谷的感覺？

易碎物品，請小心輕放。易碎關係，要小心介入。**面對眼前的青春期孩子，相處之道，貴在真誠相待。**

祕訣108

站在對方的立場傾聽

當我們懷疑孩子可能做了不被允許的事，並認為他對此有所隱瞞時，一方面會想乾脆直接點破，但另一方面又擔心，這麼做會不會打碎那層如花瓶般脆弱的親子關係？

在隱瞞與坦誠之間，讓我們和孩子先藉此機會思考彼此對於一些事的看法。

拿抽菸這件事來說，你顯得非常在意，但青春期孩子一派無所謂。這在某種程度上也反映了親子對於抽菸行為的認知落差。你猶豫而不敢問，但他卻顯得自然。

當我們漸漸懂得孩子對某些行為的想法與感受，他也認定爸媽是可以談話與傾聽的對象，並不會一味地為反對而反對，許多事，孩子就不需要再選擇隱瞞。他知道，至少你願意先聽聽看他對於抽菸行為的想法。

傾聽，是一種尊重。

祕訣109

有話直說的約定

有的青少年喜歡直來直往，有話直說，別拐彎抹角。有時直白一點，彼此反而更容易懂。如果你的孩子也是走這種「直線風」，平時就掌握好頻道，直接敞開親子溝通的大門，彼此把話明說，乾脆一點。

有話直說，有問必答；至於是否誠實回答就再說了。

重要的是親子之間拋開相互的猜忌——孩子啊，我們就把話明明白白地說吧！

「身上怎麼有一股菸味？明強，你是不是有抽菸？」

這樣的提問很直接，充滿著你對孩子的質疑。因此提醒你，**這樣的問句，僅適合用於有話直說的親子關係。**

使用之前，請先清楚孩子的溝通風格：你的孩子是有話就說，無所隱瞞的直線型？拐彎抹角，說話不夠直爽的迂迴型？還是思考跳躍，說起話來讓人抓不到重點的彈跳型？

祕訣110

肯定孩子的坦誠

有些青少年講話很直爽——抽菸，有就是有，沒有你也別栽贓。若孩子神情鎮定地回你：「媽媽，我有抽菸。」對於孩子如此坦蕩蕩地回應，你在驚嚇之餘，請先別急著指責、批判。

換個角度來看，當孩子能夠誠實面對自己的抽菸行為，並坦然向你表露，這本身就是一件值得肯定的事。（當然，這裡肯定的並非孩子吞雲吐霧，畢竟「吸菸過量，有礙健康」，更何況孩子還未成年。）

先接納孩子抽菸這件事，因為這是已存在的事實。**接納，並不是要你認同或接受他的抽菸行為，這是兩回事。而是你唯有先接納孩子已抽菸的事實，彼此才有辦法繼續談下去；或者說，他才要跟你談下去。**

所以，有些話就先不要脫口說，例如：「你難道不知道抽菸對身體不好？」「你為什麼要抽菸？」「是誰帶壞你的？」「你被爸爸知道就完蛋了！」多說，只會礙事，只會讓孩子立即拉下溝通的鐵門。

第4部 誠實

擁有真誠與坦然的關係

問題二十二
【我沒有說錯話】亞斯的真誠，父母的冷汗？

在我服務的兒童及青少年中，常遇到亞斯伯格症孩子。許多父母和老師也常因亞斯難以捉摸的特質而感到煩惱、頭痛，尋求親職諮商或教師諮詢。

亞斯的真誠，毋庸置疑，深受許多大人的肯定。然而，因真誠與直白所衍生的正義感，卻往往也讓一旁的大人捏一把冷汗。

而這令人心驚膽跳的正義感，很容易就在日常生活中發生……

「叔叔，你的車子擋住我們走路了。大馬路上不能併排停車喔！七月一日起，併排停車將加重罰二千四百元。」小亞說。

雙B轎車裡的大叔斜過眼，不爽地瞪著他。

「小亞，別說了，馬路上車多危險，快走！」媽媽焦急地催促著，心想：「兒子啊，你沒看見裡頭的大叔不太好惹嗎？」

小亞沒有想走的樣子，因為他話還沒說完。「叔叔，你的引擎已經熄火了，可以取締喔！」

大叔嘴角歪斜了一下。從嘴型研判，媽媽可以猜出他罵了什麼粗話。

「小亞，別說了，馬路上車多危險，快走！」媽媽把話重新再說一次。何止車多危險，眼前這個大叔看起來也很危險。

「叔叔，你已經停三分鐘了。再不開走，警察要開罰囉！」小亞仍然繼續說。

大叔眼神犀利，威脅加碼。

「小亞，別站在馬路上，危險，快走，我們還在趕時間。」這回，媽媽不得不強拉孩子離開這個危險現場。

媽媽這樣強迫帶離的舉動，讓小亞感到極度不舒服。除了身體觸覺敏感，不喜歡被拉之外，固執的他，也認為剛剛的事情還沒解決。

雖然離開了令自己膽顫心驚地捏了好幾把冷汗的街頭，媽媽仍然撲通、撲通地心跳加速。捷運上，驚魂未定的她想和小亞解釋。

「小亞啊，有正義感是很好，但你也要懂得保護自己，是吧？你沒看剛剛那輛車子裡的叔叔已經很不開心了，怎麼還再跟他說呢？難道你不怕他下車揍人？」

「可是我沒有說錯話，為什麼要怕他揍人？」小亞反問。

「小亞，媽媽當然知道你沒有說錯話，但我怕他揍人啊！」

「新聞有報導，七月一日起，交通新制已經上路。依《道路交通管理處罰條例》第五十六條，汽車駕駛人停車時，有併排停車之情事者，處汽車駕駛人新臺幣二千四百元罰鍰。另外叔叔屢勸不聽，雖然人在車上，但引擎已經熄火，停車又超過三分鐘，交通警察是可以直接違規取締的。」小亞直接背出了法條。

「小亞，我知道你也是為那個叔叔和其他的路人好，但你不是交通警察啊！」媽媽勸說。

「媽媽，我沒有說錯話。」小亞堅持著。

說真的，孩子是沒有說錯話，但他太執著、太缺乏察言觀色的能力，就是讓媽媽放不下心。這是許多父母和亞斯伯格症孩子交手後，最大的感受與煩惱所在。

真誠與坦然的祕訣指南

祕訣111

正義感與安全感的釐清

正義感是一項良好的美德，這毋庸置疑。電視新聞裡或網路貼文中，那一則則正義哥、正義姊的消息，總是讓我們豎起大拇指按讚。但是，當自己的孩子在路上展現出仗義執言的態度時，面對眼前孩子的正義感，為人父母的反而會感到憂慮。這是人之常情。

我們在憂慮什麼？我想其中一部分，在於希望孩子要學會「看對象」。

「你沒看那大叔犀利的眼神，多殺……」

你不是不認同這份正義感，只是你可能心想，孩子的自身安危比較重要。

關鍵就在這裡了。**當正義感與安全感交錯時，身為父母的你會選擇哪一邊站？這也決定了我們該如何向孩子解釋。**

祕訣 112

微笑接納孩子的真誠

對於孩子的這份真誠，請先微笑接納。捍衛標準答案——這是一份屬於亞斯伯格症孩子特有的真誠。一旦他認定了，常會死守到底。

提醒自己，接納孩子現有的表現。例如，他對於法律是非分明、嚴格遵守的態度，及讓你頭冒冷汗的表達方式。

但是，接納並不表示你就接受或認同他的做法，畢竟比起正義感，維護自身安危還是要擺在第一位。只是**這份難得的真誠，需要被珍惜。**

祕訣113 不爭辯，不繞圈

請先別和孩子爭辯他那樣做是對或不對。提醒自己，**亞斯伯格症孩子很容易陷入二分法，而我們自己也要避免重蹈覆轍。**

別忘了，在他的認知裡，對於遵守法律的強烈執著這一點是毋庸置疑的。所以，別說他錯。要他認錯，門都沒有！

一旦你們倆陷入爭辯之中，就很容易掉入迴圈——沒完沒了，沒完沒了，沒完沒了……這個迴圈可不只是繞三圈而已。

我們和孩子之間，可以有共同的默契。**事情沒有標準答案，但是有比較適切的解決方案。**

祕訣114 教孩子換個方式說

孩子的美德需要被肯定。同時，我們要讓他知道：可以有正義感，但不一定要惹麻煩。

條條大路通羅馬，孩子也需要學習依不同狀況而有不同反應，既展現出自己對於法律與正義的捍衛，同時，也維護了自身的安全。

如果孩子非說不可，就讓他換個方式說。這得靠平時利用白紙黑字，反覆練習。

例如：「叔叔，你的車子太靠馬路了，小心被摩托車刮傷。這麼好的車，被刮到是很可惜的。」

孩子需要知道，有些叔叔愛車身，勝過愛別人的身體。對於自私的人，就先以他在意的角度切入。

秘訣115

親自示範，展現身教

如果你擔心孩子說話時，語氣及內容無法掌握或拿捏，**乾脆就由你自己開口說，這是一個良好的身教示範。**

只不過，面對凶神惡煞時，更需要精準地察言觀色及用字遣詞。當然啦，或許大叔只是面惡，但心善。

「先生，不好意思。在馬路上併排停車很容易發生危險，是否可以往前移動一下您的愛車？感謝。」

挺身而出，親自示範，在孩子眼中是最動人的身影。

祕訣116

學習其他的彈性解決方法

當孩子仍然執著於「叔叔，不能併排停車」這件事情時，在說與不說之間，其實還有其他的彈性解決空間。

我們可以讓孩子知道，要解決問題，不見得一定要自己脫口向大叔說，而使自己陷入危險境地。其實只要撥打一通「一一〇」電話專線檢舉，波麗士大人就會迅速派員處理，這也是一種正義感的風範展現。

教孩子轉個彎，遠離自我麻煩。迂迴一下，也能抵達目的地。

問題二十二
【千萬別亂說話】過動兒太衝動又太直白？

ADHD，注意力缺陷過動症。ADHD孩子，也是我們一般俗稱的過動兒。在我的兒童青少年心理專業經歷裡，這是我最早接觸與了解的一群可塑性高的孩子。掐指一算，也過二十年了。

面對這群在專注力、活動量及衝動上，自律與規範行為較為鬆動的孩子，爸媽和老師往往頭痛不已。其實，孩子本身也很無奈，畢竟這一切並非他自己所想、所要的。

在與父母進行諮商時，我常拋出這個問題：

「帶孩子出門，你怕不怕？」

會這麼問，主要在於想了解孩子的衝動行為控制，是不是已經讓爸媽感受到了明顯的壓力。

除了亂碰東西之外，在不該說話的時候說話、說了不該說的話，經常令爸媽煩惱。

「媽媽，新娘好漂亮耶！眼睛好圓、好大，還有雙眼皮，而且她皮膚好白、好白喲！」喜宴會場外，阿廷指著新人的大型結婚照說。

「我以前的婚紗照也美美的，好不好？你這孩子真的很愛品頭論足。陪媽媽吃個喜酒，真的不要亂說話。媽媽心臟不好，經不起你的驚嚇。在婚宴場合裡，吃就吃，看就看，千、萬、別、亂、說、話。」

「媽媽，這邊的本子上有三千六百，有四千八百，還有六千……啊！你的名字底下怎麼只寫二千四百？」阿廷大聲問媽媽。

孩子話一脫口，讓媽媽有一股想找地洞鑽的衝動，趕緊隨手再補上一千二百元，但心裡忍不住抱怨：「孩子啊，賺錢不容易，我當然知道二千四比別人少，但是這回媽媽帶你出來，難免心驚膽跳，食欲不好，更何況我和新娘阿姨又不熟，二千四百元剛剛好。」

「千、萬、別、亂、說、話。」媽媽再一次耳提面命，雖然提醒的次數已經多到數不清。

「媽媽，我沒有亂講話，明明你就只有給二千四。」阿廷說。

媽媽心裡嘀咕著：「孩子啊，你說得也對啦，只是……被你這麼一嚷嚷，在大家面前……尷尬啊！唉，我就知道帶你出來沒好事。」

入場了，趕快遠離禮金桌前的難堪場面，選個遠端的角落坐，安全指數比較高，至少孩子亂講話的輻射影響範圍比較小。沒想到才剛坐下，阿廷又開口了。

「媽媽，二千四其實也很多耶，吃這一餐會不會太貴啊？二千四百塊，我們都可以吃好幾次牛排了。」

媽媽再強調一次。「阿廷，我知道你很會精算，但我要提醒你，不是二千四，是三千六，我剛剛已經補了一千二百元。重點是，你、說、話、小、聲、一、點。」

「媽媽，停電了！停電了！怎麼變得暗摸摸的？好黑喲，我都看不到了。」阿廷大叫了起來。

媽媽趕緊說：「你小聲一點，是新郎和新娘準備進場了。這是營造氣氛的，懂不懂？吃就吃，看就看，千、萬、別、亂、說、話。」

「哇！媽媽，燈亮了，燈亮了，新郎、新娘出來了耶！哇！好夢幻，好熱鬧啊！……媽媽，你怎麼沒有拿拉炮？砰、砰、砰，好刺激啊！……媽媽，新娘走過來了耶！可是怎麼和外面的新娘不一樣？媽媽，這個新娘好醜……」

媽媽後悔了，真的不該帶孩子出來。

真誠與坦然的祕訣指南

祕訣117 小聲提醒

在現場，不妨用這樣的方式告訴孩子：

「媽媽要先向你說：『孩子，你沒說錯。』你說的內容大致與事實都吻合。媽媽包二千四百元，所以人家禮金簿上寫二千四百。沒錯，本子上，你看到的其他數字三千六百、四千八百、六千也都正確。**但你有疑慮，可以小聲提醒我。**」

小聲提醒，是彼此的期待。但**出門前，請多多練習，讓這個習慣變成常態。**

祕訣 118

分享訊息之間的差異

選個適當的情境，和孩子分享眼前所見差異，與在表面之下所要傳遞的訊息。

例如在媽媽的手機裡，也下載了照片修圖的app。你沒看媽媽如果照相後，不美肌、柔化或修飾一下，哪能上傳到臉書上呢？

愛美是人的天性，只要不修得太犯規。這和婚宴上，新郎、新娘期待合照能留下完美的印象一樣，都是人之常情。

祕訣 119

考量說話的情境

「媽媽，新娘好醜！」關於這句話，我只能說，每個人的審美觀不盡相同，但請尊重孩子的判斷。

至於這句話能不能說？說話是每個人的權利，當然可以。但是，說話也必須考量對方的感受，同時也必須對自己的說話內容負責。

社會化是孩子人生中的一段必經學習路程。孩子需要學習的是：**考量說話的情境，練習謹慎說話**。

例如，**讓孩子練習輕聲細語在媽媽的耳際悄悄說**，讓我們感受他的自我控制的進步。他也可以選擇**在回家的路上跟自己說**，這也是一種延宕想說的衝動的方法。

但是，孩子必須提醒自己，別在公開場合大聲說，維持對其他人應有的尊重。

秘訣120

先對孩子說得悅耳動聽

「千、萬、別、亂、說、話。」這樣的負向提醒沒人愛聽，而且效果也不大。過動兒一定有切膚之痛——不斷地被提醒、叮嚀、糾正、指責、數落、批評、謾罵、揶揄、嘲諷。這幾乎是ADHD孩子逃不掉的宿命。但我想，只要大人願意調整，孩子將有機會遠離這個宿命。

每個人多少都希望能夠多聽到一些悅耳的話。當ADHD孩子被讚美時，甚至可能會眼眶微溼地說：「開玩笑，你說的怎麼可能是我！」

要讓孩子說好話，那就讓我們先對孩子說好話。好話、讓人舒服的話、能夠帶來正向能量的話，多多益善。悅耳的話，人人愛聽。讓孩子知道，話不一定能說對，但話可以練習說得更好。

祕訣 121

一起練習「說話控制術」

「言多必失，多言必敗。」這句老生常談，我們應該都不陌生。雖然「話多」是ADHD孩子的基本特質之一，但如同行車安全要注意，讓我們也一起來練習「說話，請繫安全帶。適時剎車，請勿暴衝。」

想好，再說；先聽，再說；多聽，少說。

一起和孩子練習說話控制術，把想說的話在腦海裡沉澱一下，再開口說。

問題二十三
【給個意見吧】實話實說，讓人太難接受？

有時，雖然我們心裡早就有了定見，但還是期待孩子給個意見。然而，當孩子拋回來的並不是我們要的答案時，往往會讓人心裡不是滋味，很不舒服。人真的很有意思。既然自己都有了答案，幹嘛還要再問？或許是想多一份別人的確認，好肯定自己的判斷。

但是，孩子實話實說，你承受得了嗎？

「大元，你看媽媽穿這一件洋裝怎麼樣？很適合我吧？」媽媽優雅地拉著裙襬轉了兩、三圈，期待眼前這小子能夠給個讚美之詞，畢竟這件洋裝可是自己昨晚精挑細選，拚命殺價買來的。「怎麼樣？看起來怎麼樣？你說說看嘛！」

「說實話？」大元問。

「嗯，不然咧？難道還要你欺騙我？拜託，青春期講話語氣都要這麼酷？」媽媽說。

「那我要說囉……」大元說。

「賣什麼關子，快說啦！」媽媽已迫不及待在等著答案。

「你的腰太粗了，不適合。」大元說完便掉頭準備離開。

這簡直就是晴天霹靂啊！

「等等，小子，別想走，什麼叫腰太粗？」媽媽追問。

「這幾個字你還聽不懂？」大元回應。

「這麼殘忍的話，我當然聽得懂！你好好說清楚，我也是有尊嚴的好不好，什麼叫腰太粗？」媽媽問。

「真的要我說清楚？」大元說。

「對！說清楚！」媽媽心裡嘀咕著：「大元，我知道你現在正值青春期，說話很直接，但還是留一點口德，媽媽心臟不好啊！」

「好，媽媽，你的腰圍多少？」大元問。

「拜託，這是女人的祕密。」媽媽不想回答。

「沒關係，你心知肚明。」大元說。

「ㄟ，我還心知肚明？」媽媽愣了一下。

「你這一件洋裝屬於休閒的吧？」大元說。

「你這小子還真識貨。」媽媽說。

「算是寬鬆洋裝吧？」大元又問。

「沒錯，多少可以掩飾一下我的——」

媽媽還沒來得及講完，就被大元打斷了。「但這一件穿在你身上，我用目測的，就能看見你的腰。」

「大元，你說話非要這麼直接嗎？說得這麼狠。」媽媽有種心在滴血的感覺。

大元仍舊直截了當地回應：「實話實說有什麼不對？你不是常說做人要誠實嗎？所以，我就誠實地告訴你腰、太、粗。媽媽，我比櫃姐誠實多了。」

真誠與坦然的祕訣指南

祕訣122

聽者的勇氣，誠實的示範

當我們詢問孩子對自己的看法時，心理上多少要先儲值些勇氣，以優雅地面對孩子可能會說出不符合你口味的話。**既然問了，就要有勇氣接受各種答案。**

我們多少會期待孩子能夠美言幾句，說些好話，「不然我幹嘛問？」你可能這麼想。但是，既然選擇問了，就要有雅量接受任何可能的回答，而不是只聽自己要的那一個。

這是一種面對自我的示範。別忘了，當我們和孩子分享誠實的觀念，也正是一種面對自我的不斷練習。所以請你優雅地做給孩子看吧——深呼吸……孩子，你就直接說吧！

秘訣 123

肯定正直，反映感受

「忠言逆耳」這四個字，我們再熟悉不過，然而充滿誠懇、正直的規勸，卻讓我們感到很刺耳、不舒服也不愛聽。但是，**請你肯定孩子的誠懇與正直**，這些美德現在已愈來愈少見了。

當然，**你還是可以反映自己的感受**。「孩子，感謝你的回饋與建議，『腰太粗』的意見是讓我有些錯愕。我再來想想這件洋裝是否適合。」

忠言逆耳或阿諛奉承，你想選擇哪一個？你期待孩子怎麼說？

秘訣124

打破討好的魔鏡

愛聽好話，這是人之常情，也是很自然的期待。但如果好話參雜著不實的原料或添加物，聽多了有礙身心健康，你是否還想繼續聽？

或許你心裡有些掙扎，**到底該肯定孩子能夠忠於自我、實話實說，還是要他違背心裡的意思，遷就他人或討好奉承？**

「魔鏡啊魔鏡，誰是世界上最美的女人？」假如換個立場，讓自己成為魔鏡，你會怎麼說？

在魔鏡面前，其實你心中早已有了答案。

秘訣125

轉個念，想法就改變

想法可以改變，卻也很難改變。可是，**若你願意敞開心胸，練習調整，不知不覺中，想法也許就變了。**

「你的腰太粗了，不適合。」

當孩子脫口說了這句話時，不妨轉個念，這麼想：

「嗯，果然是母子，關係夠親密，說話不需要拐彎抹角。」

「這孩子對身材與服裝的搭配，還真的有他的一套看法與見解。」
「問我腰圍多少，果然實事求是，讓證據說話。」
「這個孩子夠誠實，知道自己該說什麼話。」
轉個念，會不會覺得眼前這個孩子可愛多了？
轉個念，新的想法將呼之欲出。

祕訣 126

關鍵在真誠

請問你要聽哪一種話？
好話？
實話？
想聽的話？
想說的話？
說話的確是一種藝術，這牽涉到「說」與「聽」雙方的真切感受；表達了，聽到了，理解或誤解，來來回回。透過這次的洋裝經驗，或許能讓彼此學習話該怎麼說、話可以如何聽。但是，請將關鍵鎖定在「真誠」。

說的人自認為真實而誠懇，但聽的人是否感受到了呢？親子之間，可以先確認彼此的「真誠」頻道是否接近、吻合。

接著，**讓孩子覺察自己是說了「好話」還是「實話」**。當然，如果可以「好話加實話」，那就更漂亮了。

同樣地，讓孩子了解，這是自己想說、忠於自己的話嗎？還是因為形勢所逼，只好違反自己的心意，講出對方想聽的話？而對於聽的人來說，他是想聽孩子說「實話」？還是自己期待的「好話」？

真誠對話，可以讓親子關係更和諧。

問題二十四
【明明就是你】手足爭執，該介入嗎？

對於有兩個以上小孩的家庭來說，吵架，幾乎是一門必修課。爸媽通常不喜歡小孩太吵，但如果孩子愛爭執，特別是兩人像迴圈一般，老是在那幾句話上面打轉，做爸媽的大概都會按捺不住，乾脆直接介入紛爭。

只不過，這種想「趕快解決」的態度，往往讓我們忽略了當中可能存在的關鍵議題：孩子犯了錯，卻拒絕承認。

「你明明就有！」

「我沒有！」

姊姊後面這一句，明顯比弟弟大聲。

「你明明就有！」「我沒有！」「你明明就有！」「我沒有！」

姊弟兩人像拔河般考驗著誰撐得久。

「明明就是你把我的玩具弄壞的！」「我沒有！」「明明就是！」「我沒有！」「明明就是你！」「我沒有！」

姊弟倆都很堅持自己的看法。當然可以確定玩具不會自行解體。所以，有人沒說實話。

「明明就是你！」「我沒有！」「你說謊！」「我沒有！」「你明明就有！」「我沒有！」

通常，在這種迴圈似繞來繞去不斷吵架的情況下，一旁的父母大都已經摩拳擦掌，準備伺機而動。

「我明明就沒有！」

「才怪！」

換姊姊反攻了。「是你自己把玩具弄壞的。」

「才怪！」眼看著弟弟的眼淚快要流下來了。

「愛哭鬼，玩具自己弄壞掉還在哭。」姊姊笑他。

「才怪！」真性情的弟弟，眼淚真的滴下來了。

「明明就愛哭，還不承認。」姊姊說。

「我沒有！」

姊姊明顯讓話題轉了向。「哭就哭，還說沒有。」

「我沒有！我沒有！我沒有！」

「不然你在流什麼淚？」姊姊故意問。

「我沒有！」

「你明明就有哭！」「我沒有！」「你說謊！」「我沒有！」「你明明就有！」「我沒有！」

姊弟的爭執像迴圈一樣，不斷繞來繞去。

一旁的媽媽真的受不了這種沒完沒了的爭執，吵得她最後終於被逼得下場了。

媽媽問：「到底是誰在說謊？」

「是他！」

「是她！」

姊弟倆在同一時間都指向對方。

媽媽又問：「我再問一次，到底是誰在說謊？」

「明明就是她！」

「明明就是他！」

姊弟倆的手臂伸得更直，彼此快連成一條線了。

媽媽再問：「到底是誰在說謊？」

「是他！」

「是她！」

媽媽厲聲說：「明明就是有人在說謊！」

「我沒有！」這回，姊弟同時發聲。

「明明就有！」「我沒有！」「明明就有！」「我沒有！」「明明就有！」

「我沒有！」「你們明明就有！」「我們沒有！」……

媽媽突然有一種感覺，自己的介入似乎是幫倒忙，讓局勢更混亂了。

真誠與坦然的祕訣指南

祕訣127 智取的問句：「誰說實話？」
祕訣128 一對一，洗耳恭聽
祕訣129 具體而明確地說清楚
祕訣130 揭穿的問句：「你在做什麼？」
祕訣131 中場休息，中止爭執迴圈
祕訣132 讓孩子們學習共同解決

祕訣127

智取的問句：「誰說實話？」

「是誰在說謊？」

「媽媽，是我啦！」

這種問答的方式，你別期待，因為機率實在是太低了。

我們總是很天真地認為，多問幾次，答案就會出來了啊！於是你開口問：「是誰在說謊？」甚至連下一句都想好了：「你為什麼說謊？」

很抱歉，這往往行不通。開門見山地質問孩子是否說謊，反而很容易讓他的誠信藏回心裡。

當孩子犯了錯時，劈頭質問「是誰在說謊」；沒問還好，一問之下，卻很容易讓當事人感受到威脅，再龜縮回他的洞裡。

「是誰在說謊？」這種句型，請先別用。

當你發現孩子死不承認，打起了持久戰（以時間換取勝利）、消耗戰（以體力換取勝利），那麼你就得試著以腦力換取勝利。若想智取，情緒會礙事。

翻轉一下，如果反其道而行，**問孩子：「誰說實話？」**或許會引來他們相互搶著回：「是我！」「是我！」這時，你可以聰明地繼續問下去：「好，那誰先說？你自己說了什麼實話？」**讓孩子說出自己的話，而不是反駁對方的話。**

祕訣128

一對一，洗耳恭聽

當手足爭執，局勢混亂且態勢未明時，爸媽請勿來亂。多聽聽孩子怎麼說，先不批判，不加油添醋，免得招惹情緒上來。甚至可以「一對一」，分別聽孩子們說。在對方不在場的情況下，多少可以避免形成爭執迴圈。

再次提醒你，**先讓孩子說自己做了什麼，而不是急著告狀別人做了什麼。**

祕訣129

具體而明確地說清楚

再來，讓孩子把所見的事物，具體地說出來。

「你明明就有！」有什麼？

「明明就是你！」是什麼？

試著**讓孩子具體地說出人、事、時、地、物，說得愈清楚愈好。**這就像證人的具體陳述，很重要。

祕訣 130

揭穿的問句：「你在做什麼？」

「我沒有！」這句話很好用，只要對方有所質疑，一句「我沒有」像跳針一樣反覆地說，多少能擋住對方的質問。

好吧，既然「我沒有」的否認招式太好用了，不妨**試著改問：「你在做什麼？剛剛弟弟在玩玩具的時候，你在做什麼？」**

孩子需要感受到，編謊、胡說可是很傷腦筋的一件事。

祕訣 131

中場休息，中止爭執迴圈

手足之間的爭執，很容易出現像鬼打牆般的迴圈，尤其是其中一個年紀太小，無法清楚地表達，只能反駁：「你明明就有！」而另一個年長些的則是鬼靈精，懂得如何技術性犯規，先來個「我沒有！」的反覆阻擋，再來個大迴轉，用對方的話複製反問：「明明就愛哭，還不承認？」讓情勢反轉，而引出弟弟說了「我沒有！」換姊姊勝出！

當手足對話像個迴圈般地轉啊轉時，爸媽千萬可別瞎起鬨，加入戰局問：「到底是誰在說謊？」

你需要做的是，讓迴圈暫時停止。

中場休息，讓雙方各自離開。挑個好時辰，擇期再處理。

秘訣 132

讓孩子們學習共同解決

雖然聆聽孩子的投訴，多少有助於澄清事實，但面對手足爭辯，一方指責、一方不承認，這時，爸媽的重點並不是要扮演法官的角色來決定誰對誰錯，該如何處罰。

關鍵在於讓孩子學習如何解決問題，另外對於犯錯的當事人，如何學習面對自我，及承擔責任——誠實地對待自己。就像看著鏡子裡的自己，思考不願面對的自己。

你可以試著**把問題拋回給孩子們，讓他們自己去想辦法化解剛剛的紛爭。**

問題二十五
【報喜不報憂】隱瞞考試成績，也是欺騙？

「該說丹丹這孩子貼心嗎？每次考試回來，成績都報喜不報憂。像最近這一次月考，數學考了九十七分，一回到家，馬上開開心心遞上考卷，得意得不得了。社會和自然也一樣，拿了九十五和九十八，活像拿起大字報秀給我看。但他對英文和國語的分數卻悶不吭聲，好像這回沒考一樣。」秀雯對姊姊秀芳抱怨。

「孩子這麼做很自然吧！如果丹丹一回到家，馬上拿出不及格的成績秀給你看，我可以想像你的反應——瞠目結舌，不是嗎？」秀芳說。

「話是這麼說沒錯。但是報喜不報憂，不也說明了丹丹還不能面對自己的錯嗎？」秀雯說。

秀芳聽了，反問：「自己的錯？所以你認為考不好是一種錯？」

「也不是說錯不錯啦！但多少表示了他沒用心在考試上。孩子不是該對自己的考試負責嗎？」秀雯說。

「說不定丹丹對於考不理想這件事，一時還沒想到該如何跟你說吧？或者就像你剛剛說的，孩子很貼心的，報喜是想讓你開心。」秀芳勸妹妹。

「但不報憂，這也是一種欺瞞吧？」秀雯語帶擔憂。

「或者說，丹丹對於自己的信心不足吧。」秀芳說。

秀雯煩惱地說：「但他終究得面對的，不是嗎？每回只要我問到國語考卷、英文成績，他不是回答『在學校』、『還沒發』，不然就是『我不知道』。老是拖到要家長簽名時，才勉為其難地拿出考卷來。」

秀芳試著開導妹妹。「換個角度想，丹丹報喜不報憂，或許也是希望自己在你們的心目中，是個表現好的乖小孩吧。」

「唉，我說大姊，你這個做阿姨的未免太袒護外甥了吧？怎麼淨是說他好話呢？」秀雯說。

「拜託，我的小妹，看待事情總是有很多面向吧？像你結婚這幾年，其實也並不好過，但是你對爸媽還不是報喜不報憂，怕他們老人家擔心太多，不是嗎？你也是出於善意啊！」秀芳笑著說。

「話是這麼說沒錯，可是……」秀雯還是覺得很糾結。

「可是什麼？先不要急著下定論嘛！畢竟孩子在學習面對自己的過程中，終究也需要一些經驗值。更何況，我們大人不也一樣？先接受他想要和你分享的喜悅吧！至於他對不盡理想的那些科目，還有生活中的其他事選擇報喜不報憂，或許也是在傳達一些訊息。」秀芳說。

「什麼訊息？」秀雯好奇地問。

「我想，是期待你們更了解、更接納彼此的訊息吧。」秀芳說得語重心長。

真誠與坦然的祕訣指南

祕訣133 思考報喜的目的

祕訣134 同理報憂的感受

祕訣133

思考報喜的目的

我們不妨**先靜下來思考孩子選擇「報喜」的目的**。

至少，爸媽愛聽，聽了會有好心情；當父母開心，孩子也開心。

報喜，也轉移了爸媽的注意力。看見孩子的好成績，當然也讓你繼續感到開心。

報喜，也改變了你對孩子的印象。這就像是洗腦，用好事來洗腦，洗出你對孩子的好印象。

報喜，孩子當然也比較容易獲得好禮。

祕訣134

同理報憂的感受

孩子選擇不報憂，我多少可以猜得到，其實他很了解你以及你們彼此的關係。報憂，特別是報上不好的考試成績，對某些孩子來說是「倒大楣」了。這一點孩子不得不看清。

報憂？父母鐵定不開心，也鐵定會壞了自己的心情。

報憂？大概可以預期許多的活動和娛樂會被爸媽鎖定。

報憂？後果自己可能承擔不起。

報憂？孩子可不想和自己的福利過不去。

所以，孩子為什麼要報憂呢？

當我們能夠同理這些，對於孩子選擇不報憂的反應，或許就能夠感同身受。

祕訣135

化解懸而未決的困擾

在這裡，讓我們先來思考「憂」的事。

以功課為例，暗示著這個成績只能選擇隱藏起來，見不得光。或許有些孩子不報憂，但會盡快趕工、加強訓練，把你要的成績進度趕上，這樣的孩子自律還算好。

可惜的是，把功課晾在那邊、懸而未決的孩子可能居多。

概念未解決，能力沒提升，成績也別想有起色。在如此的惡性循環下，「憂」的事會愈堆愈多，謊言也只好愈圓愈多。

不報憂，懸而未決的事只會愈來愈多。因此，我們要**釐清孩子的核心問題，讓懸而未決的困擾，能夠適時獲得解決。**

秘訣136

別只在乎成績

孩子對成績報喜不報憂，也提醒了你，「成績」這件事情是你所在乎的。

在乎不是壞事，但要**留意我們是否只關注這件事情的表面，例如只論成績分數，其他的不在乎。**然而，那些「其他」的事其實也是重要的事，例如孩子的學習動機、專注力、理解或閱讀能力、邏輯思考或認知概念能力等。

當然，在乎，也要表現得合情合理。

對於父母來說，孩子的分數當然愈高愈好。但如果我們把分數拉到孩子遙不可及的高度，讓孩子望眼欲穿，分數又像天上的繁星，無法努力伸手摘星，他當然就很容易選擇放棄，產生學習無助感，或乾脆置之不理。

雖然孩子報喜不報憂，日子總要好好過。我們得自我覺察：「是否只愛喜鵲，不愛烏鴉？」

祕訣137

讓孩子有報憂的勇氣

當孩子開口「報憂」，他需要一些勇敢——面對未知的勇敢。這一點，就要看父母如何讓孩子安心了。**從未知到已知，至少要讓孩子可以預期爸媽的反應。壞消息要說出口，但爸媽的情緒也要不暴走。**

讓孩子感受在深呼吸之後，將問題呈現在父母的眼前，可以換來心裡一陣自在、舒暢。這種可以說出口的感覺，真是清涼暢快啊！

讓孩子了解勇於面對自己，能讓自己感到更有力量。這不只是說說而已，而是需要爸媽的貼心支持。

當孩子敢跳脫框架，勇於面對自己的不足、不行或不能，下一步就是面對眼前的問題，需要親子共同腦力激盪來解決，例如特定的課業表現是否需要補習加強。

問題二十六

【錢又不是我偷的】沉默也是一種抗議？

沒有人喜歡被質疑。如果是我無端地被質疑，這個經驗會變成一個埋藏在我心中的大地雷；一旦有人誤踩了，就會在我的內心震出巨大的情緒反彈。

然而，在親子諮詢的過程中，我常發現，父母往往不覺得對於孩子行為的質疑是什麼大不了的事。誤會了，頂多說聲抱歉了事，卻忽略了大人的輕忽態度，在孩子內心留下的疙瘩或陰影。

「是誰拿走了我上衣口袋裡的錢？」爸爸帶著怒氣大吼。

現場一片寂靜，姊弟倆四目對望、不發一語。

「是誰拿了爸爸的錢？趕快承認，別讓爸爸不開心。」媽媽掃視著姊弟倆，暗示他們其中一個人趕緊承認這件事。否則丈夫發怒了，最後倒楣的還是她。

「我再問一次，是、誰、拿、走、了、我、上、衣、口、袋、裡、的、錢？」

糟糕，每當爸爸放慢速度，一個字、一個字地清楚說出，往往也宣告著山雨欲來——大家準備遭殃了。

姊弟倆像套好招似的，很有默契地繼續保持緘默。經驗值告訴他們：面對風暴，保持沉默就對了。

「你們兩個怎麼搞的？誰拿的就承認。悶不吭聲的在幹嘛？別惹得你爸爸生氣。」這回媽媽也急了。

「很好，沒有人承認是不是？別怪我威脅你們，待會如果讓我發現是誰把口袋裡的錢拿走，後果就自行負責！」爸爸說這句話帶著狠勁。

媽媽緊張地問：「姊姊，是不是你拿的？」

姊姊心想：「拜託，怎麼可能是我？這太誇張了吧！」

見女兒不回答，媽媽又問兒子：「弟弟，還是你拿的？」

弟弟不解地說：「媽，別亂栽贓好不好？為什麼認為是我？」

媽媽說：「奇怪耶，你們怎麼還是不承認。」

這句話讓姊弟倆覺得莫名其妙——我們又沒拿，是要我們承認什麼？

姊弟倆的繼續沉默，讓爸爸的話愈說愈重，媽媽的話也愈說愈急。

「是誰拿的就趕快承認，有沒有聽到？」媽媽苦口婆心地勸說。

「真的沒有人要說實話？」爸爸已經按捺不住性子了。

「哎呀，到底要我說什麼？錢不見了關我什麼事？」姊姊有些委屈地想著。

「拜託，我拿那些錢幹嘛？又不是吃飽沒事做，自找麻煩。」弟弟心中也嘀咕著。

「我再問一次，是、誰、拿、走、了、我、上、衣、口、袋、裡、的、錢？」

「天啊！你們不要再讓爸爸說一次了啦！我已經快招架不住了。」眼見姊弟倆始終閉口不答，丈夫心中那把火怒不可遏，媽媽不安地緊閉上眼睛。

現場一片肅殺之氣，令人感到有些難以呼吸。

就在這時，爸爸把手伸進西裝褲的口袋，竟然發現……

真誠與坦然的祕訣指南

祕訣138　沉默的力量，不容忽視
祕訣139　據理力爭的語病
祕訣140　有多少證據，說多少話
祕訣141　加碼威脅，無效
祕訣142　看見孩子「問心無愧」的堅定
祕訣143　別讓情緒上火線

祕訣138
沉默的力量，不容忽視

你有沒有想過，為什麼孩子選擇沉默以對？

或許你認為：「不是常常有孩子做了不承認，保持沉默嗎？唉，畏罪啦！」

的確有些孩子做錯了事卻不說。但是也有另一種情況：面對大人的無理取鬧（請容許我使用這個詞，因為我們的確常搞不清楚狀況就發飆），對有些孩子來說，最好的應對方式便是乾脆選擇沉默。

孩子這麼做，倒不是要「在我的律師抵達之前，保持法律緘默權」，而是**以沉默作為一種無聲的抗議，這是消極對抗的方法之一，而且通常有效。這麼做，往往讓你說不下去，他也不需要耗費口舌向你辯解。**

沉默是一種無言的抗議，請別輕忽。

祕訣139

據理力爭的語病

不分青紅皂白，脫口就懷疑，這樣的處理方式往往少了深思熟慮。這就像要孩子承認「人是我殺的」一樣荒謬。

或許你心裡在想：「如果錢不是你拿的，那就應該據理力爭，說出自己的想法。怎能一句話都不說，而讓爸媽認為是作賊心虛？」

……稍等一下，上面這段話有語病！

照理說，舉證責任應該在原告。**哪有讓被告自己提出證據證明自己沒做的道理？**

祕訣140

有多少證據，說多少話

錢不見了，為什麼就認定是孩子拿的？雖然還沒用「偷」這個字，但**有多少證據，說多少話，這是最基本的遊戲規則。**

讓證據說話，否則父母沒有辦法說服孩子。同樣地，無憑無據地想要孩子對號入座，很抱歉，他自然得捍衛自己的權利，不被栽贓、抹黑和誣陷的權利。

請提醒自己：要說服孩子，請用證據，別耍口氣。

祕訣141

加碼威脅，無效

有時，我們可能忽略了孩子沉默抗議的能量。

孩子不一定都會歇斯底里，暴跳如雷。有時，沉默也會讓父母無法招架。你可能心想這到底是哪招？竟然不說話，就是不說話！

於是，讓威脅加碼、加碼，再加碼，成了爸媽經常使用的必殺技。但**用多了也可能讓孩子看破——原來我的爸媽僅會這一招：口頭威脅。**

威脅的方法，有時只會讓孩子搖頭嘆息。如果威脅有效，就不會有以上的狀況了。更何況，錢，孩子可沒拿。

祕訣 142

看見孩子「問心無愧」的堅定

事實只有一個，就看每個人如何詮釋。無論你再怎樣懷疑、發怒或威脅，**當孩子問心無愧，心中自然平靜如水。**

要達到這種境界，是需要一些功力的。

沉默或懶得理你，也許是孩子在當下最好的招式。雖山雨欲來，但仍不動如山。這種態勢就如高山一般堅定。

而我們，是否望見了孩子那股堅定的問心無愧，以及不隨無理之事起舞的態度？

祕訣 143

別讓情緒上火線

易怒的情緒就像提油滅火，只會誤事、礙事加惹事。所以，爸媽的情緒別來亂。

你覺得說話大聲的人就贏了嗎？很抱歉，在這一場親子賽局當中，沉默的這一隊似乎略勝一籌。氣急容易敗壞，情急之下，更會讓人亂了分寸。

沒錯，遺失的錢是要找回來。其實有沒有遺失還不知道呢！說不定，錢還在……**少安勿躁，冷靜以對**，錢的下落或許就容易浮上檯面；不然，也可能在口袋裡面。

面對火線任務，請勿讓情緒披戰袍上場。

問題二十七

【不知道和沒看見】全班沒人要承認，怎麼辦？

在國中、高中職的教室裡，面對眼前青春期的孩子，講台上的老師常備感壓力加無力。除了學生們上課懶散或鬧成一團，還有出現嗆聲的對立反抗狀況，再來就是不把老師的話當作一回事。

你急，他們不急。你在意，他們卻隨意。

類似的情況一再發生，就像一股慢性壓力，逐漸澆熄了老師的教學熱情，令人疲憊不已。

上課鐘響起，吳老師走進教室，正準備開始上課，卻發現講桌上被水弄溼了一大片，英語教材全都溼了。他抬起頭問：「是誰把水倒在我的講桌上的？」

無人回應。全班一片死寂。

「我再問一次，到底是誰把水倒在我的講桌上的？」吳老師更大聲地問。

學生們左顧右盼，竊竊私語或嘻笑著，完全不把老師的話當一回事。

「好，很好，竟然沒有人要承認？今天的值日生是誰？」吳老師問。

「你啦！死胖子，發什麼呆？」阿輝一掌朝前座的敏雄後腦勺巴下去。

「好，那我就從敏雄開始問。我就不相信沒有人要承認。」吳老師說：「敏雄，是誰把水倒在桌上的？」

敏雄猛搖著頭說：「不是我！」

「我沒有說是你！」吳老師又問：「啟華，是誰把水倒在桌上的？」

啟華回答：「我不知道！」

「難道我知道？」吳老師更氣了。「小鳳，是誰把水倒在桌上的？」

小鳳一派輕鬆地回應：「沒看見！」

「當真？」吳老師不大相信。「阿輝，是誰把水倒在桌上的？」

阿輝有點不耐煩地說：「問我？我問誰啊！」

「你的態度很不好喲！」吳老師繼續問：「夏禾，是誰把水倒在桌上的？」

夏禾說：「老師，你的問題能不能再問一遍？」

「為什麼都要我講很多遍？你今天專注力的藥到底吃了沒？」吳老師說：「文翔，是誰把水倒在桌上的？」

文翔故意閉著眼睛說：「我有看見嗎？我有看見嗎？」

「別在那邊閉著眼睛，裝模作樣。」

說真的，他已經問不下去了，他知道自己再怎麼問「是誰」，一定也不會有結果。但是他可以肯定講桌上的水，一定是班上某個同學剛剛倒在上面的，而且一定有其他人看見。因為他才離開教室一下下，當時，桌面仍然是乾的。

「我到底該不該繼續追究這件事？」老師心裡納悶著。因為這樣問下去，除了最後沒有答案外，這堂英語課大概也別想有進度了。

「倒水的人敢做不敢當嗎？」吳老師使出激將法，心想這應該是青春期孩子最敏感的事。令他感到失望的是，台下仍然竊竊私語、嘻嘻笑笑的，大家似乎在看笑話。

「為什麼班上沒有同學願意承認，或表示有看見是誰倒水？集體否認？全班冷漠？大家不以為意？為什麼這個班就這麼難坦誠？」老師心中浮現出許多的疑惑。

真誠與坦然的祕訣指南

祕訣144

先將質疑擺一邊

在班級經營上令老師尷尬的地方，往往是一個問題拋出去之後，卻像潑出去的水，一去不回。沒人買你帳，沒人關注眼前這個問題。對青少年來說，他們甚至可能會認為：「拜託，這哪是個問題？」

誠實是一種美德，這一點毋庸置疑。然而，公開地直接逐一詢問孩子，期待他坦承，這種做法卻值得商榷。

當你當眾質疑青少年，特別是把每個人都視為嫌疑人時，這一點是無法令孩子釋懷的。用白話來說，就是不爽，很不爽。甚至會招來譏諷：「拜託，有沒有搞錯？事情都還沒弄清楚就在懷疑什麼！」

你一個一個地質問，然而每問一次，同學們就敷衍你一次，這時，你在這群青少年心中的影響力也降低了一格……一直降到你完全沒有電力。

當狀況發生時，先將質疑擺一邊吧！

祕訣145 別被孩子操控在手中

孩子明知故犯，刻意把講桌弄溼，其實**多少期待著能激起你懊惱、不知所措、生氣或煩躁的反應**。只要你表現出他們所預期的反應，他們就開心不已。這也是一種社會性的掌控：雖然沒有把握英文考九十分，但卻有把握讓老師英文少上十五分鐘或半小時，甚至整堂課四十五分鐘都讓你沒進度。

別讓自己成為布袋戲偶，被孩子操控在手中。

祕訣 146

青少年的面子，請細心呵護

在一些青少年的觀念裡，**互相尊重是很重要的**。你（老師）給我面子，我也會給你（老師）面子。因此，若老師處理事情時採取「全班公開」的模式，「是誰把水倒在桌上的」這句話就不用問了，因為還沒問出答案，就可以知道你已經輸了。

為什麼這麼肯定？請提醒自己，**青少年對同儕反應的在意程度，是遠遠超過對大人的**。

青少年的面子，如同敏感性肌膚，請細心呵護。

祕訣 147

集體冷漠背後的意義

你可能有個疑問：在團體中，為何大家對於犯錯或惡作劇的人都視若無睹，一副事不關己的無所謂態度和集體冷漠？

關於這個疑問，以老師的立場需要考量的是：**若班上有人打破沉默，坦誠地回答了你的問題，這樣的誠實對說的人，可能會帶來什麼樣的殘酷後果或災難？**

可以想見，在公開場合，誰敢出賣對方，把當事人揪出來？除非他真的不想在這個班上再待下去。

這一點並不是危言聳聽，而是在現實校園所上演的。當班上處於集體否認或沉默氛圍中，我們卻期待有一個人願意站出來，你可知道這需要多大的勇氣？誰願意變成全班公敵？

要讓孩子在人群中挺身而出，這件事容易說，但不容易做。請思考集體冷漠所傳遞出來的訊息。

祕訣148

運用智慧型應變

我們經常使用智慧型手機，但是否也同步讓自己變得更有智慧？當狀況題發生，正考驗著老師的智慧與應變能力。面對眼前的問題，何不先輕鬆以對？

你可以順勢詢問：「敏雄，請問『桌子弄溼了』的英文怎麼講？」直接上起英文課，同時**留意底下同學竊竊私語的反應**：「夏禾，都是你害的啦！」

或者，當你微笑地說：「值日生幫個忙，把講桌擦一下。」這時可以仔細觀察班上同學的反應。**青少年總是沉不住氣，容易露餡的**。「ㄟ，夏禾，你過來擦啦！還不都是你，走路不帶眼睛撞什麼講桌，過來幫忙啦！」

在不知不覺中，順水推舟地讓同學自己引出當事人。

第5部 拉近信任與接納的距離

問題二十八

【破除自責迷思】我的孩子怎麼會說謊？

要承認自己的孩子會說謊，需要一點勇氣。

自責一點的，會覺得是因為自己家教沒做好，才讓孩子變了樣。有時，與其說不承認孩子會說謊，倒不如說是害怕面對別人如何看待自己。

沒人期待孩子開口說謊。但假如深信「我的孩子絕不會說謊」，這樣的信念是該被鬆動的時候了。「絕不」兩個字，用得太果斷了。

「開玩笑，我的孩子怎麼會說謊？除非太陽從西邊升起，別鬧了。『誠實』兩個字，在我們家裡可以說是祖傳家訓了。」

「我的孩子從小就被教導做人要誠實！我要強調，從小我們就開始教了，很積極、很認真地教。」

「我們做父母的以身作則，孩子長期耳濡目染，學習到的當然是好品性。說謊？不可能的啦！」

「我們給孩子『充分』的愛。所以你想想，孩子幹嘛對我們說謊？沒必要，不是嗎？被關愛的孩子，是不需要說謊的。」

「你一定要相信自己的孩子，相信他所說的每一句話。如果你對他的話存疑，他的心是會受傷的。現在很多孩子都不太對父母開口，我想就是對父母的信任不夠。所以，我的孩子怎麼會說謊？」

我想，一定有父母就像前面所寫的這樣，深信自己孩子的誠實不會被動搖。全然的信任值得肯定，但是我要問：

「你的孩子總該會犯錯吧？」

「嗯……嗯……嗯……犯錯是會啦！但這和說謊扯上什麼關係？」

你可以想像，有的孩子擔心被責罵或受處罰，為了迴避多少會想辦法說謊。這不是很自然的反應嗎？

「你的孩子難免會想討好你吧？」

「沒錯，孩子嘴巴很甜，很貼心，有時候讚美到都不像在說我耶！」

所以，孩子有沒有可能多少會修飾、添加、隱瞞或誇大，來讓你開心？

「你對孩子的期待應該也很高吧？」

「哪個父母對孩子不期待的？」

重點就如你所說的，哪個父母不期待？但是否孩子平時的表現都能符合父母的標準，都不會讓你失望？想想看，在美國職棒大聯盟打球，揮棒也沒有都那麼準啊！哪有每一球都打得到的道理！失望，在所難免吧？

當然沒有父母會期待自己的孩子說謊。不過重點在於，我們該如何持平地看待孩子說謊這件事。

信任與接納的祕訣指南

祕訣149 說謊很自然，但不該理所當然

祕訣150 使用責罵，請限量

祕訣151　討好父母的謊言
祕訣152　微笑調整你的期待

祕訣149

說謊很自然，但不該理所當然

「被關愛的孩子，是不需要說謊的。」這句話在某個層面上算成立。例如，假如孩子的情感需求充分獲得滿足，是不需要再透過說謊的方式來獲取關愛，因為父母現在已經採用自動化給予，質量均夠。

但是，親子關係的互動，終究有許多面相存在。

當自己做錯了事，實話實說或虛實交錯，哪個可以換來好結果，在孩子的想法裡往往是試了再說。有時討好爸媽，主動出擊，化險為夷；有時編個謊、圓個謊，滿足爸媽的期待，彼此多少無傷害。

孩子竟然需要說謊，這一點確實踩到了父母期待誠實的痛腳。發現孩子說謊，讓你很驚訝，但抱持「我的孩子怎麼會說謊」的想法，更讓人驚訝。

說謊，很自然。但說謊，不該理所當然。

祕訣150

使用責罵，請限量

孩子做錯了事的時候，我們總想罵一罵，且覺得罵得理所當然，罵得師出有名。至於罵是否有作用，是否可以讓孩子勇於改變，是否有效，這就再說了。

但是，當孩子這次討了罵挨，下回他會怎麼做？這是我們必須認真思考的事。

你可能會想要吶喊：「難道孩子犯錯了，我們不該生氣嗎？」

生氣很自然，只是冷靜下來想想，除了傷身、宣洩情緒外，生氣有什麼作用？

更何況，**如果你的生氣換來了孩子的說謊，那有多得不償失！**

孩子當然不喜歡被罵，也會想盡辦法逃避被罵。但不表示他就會改。因此，最快速的止痛方式，就是服用「說謊」這粒成藥，馬上見效！作用：遠離責罵，逃避責任。副作用：信任減退，被識破，後果不堪設想……

對孩子，責罵愈多，誠實愈遠。使用責罵，請限量。

祕訣 151

討好父母的謊言

有道是好話人人愛聽，聽了多少能換來好心情。編個謊讓父母開心，這是否也算好事一樁？這樣的謊，多麼悅耳動聽。這樣的謊，你是否愛聽？這樣的謊，你是否知情卻不想讓孩子暫停？

以謊言討好父母，背後的理由人人不同。

當父母被孩子灌了迷湯，或許原本即將火冒三丈的怒氣消了；或許在龍心大悅的情況下，孩子獲得的賞賜多了；或許美言個幾句，便自動掩飾錯誤，責任就免除了。也或許，在善意的謊言下，親子關係變得更甜美了。

美麗的謊言，圓得像泡泡，讓人愉悅。你捨得戳破嗎？

祕訣 152

微笑調整你的期待

你是否常流露出對孩子的表現感到失望的神情？

當你沉浸在失望情緒中，是否注意到了孩子失落的眼神？

孩子難免希望能夠滿足父母的期待——無論這個期待合不合理，無論自己是否有能力達到。孩子可能很努力，但速度不一定快，而且還不見得能夠達到目標。

若孩子是為了變成你心中的好榜樣而編織謊言，這樣你還生氣嗎？身為父母，請衡量自己對於孩子的期待是否超重了。

否則，謊言將成為孩子最便捷、最自助、最省時的方式，平時只要能夠練就到臉不紅、氣不喘，心跳加速不要太快即可。雖然，他也挺無奈的。

回頭想想，既然不希望孩子說謊，爸媽就由自己先改變吧！

試著重新調整對待孩子的方式，至少笑容多一點，眼神關注多一些，對他的滿意度高一點，對他的期待也調整得合理一些。

當你能整體表現出對孩子的肯定，孩子自然就不需要再為此說謊。

問題二十九

【拋去不合理期待】我的孩子竟然說謊了？

我常在注意，身旁的爸媽們對於孩子說謊會產生什麼樣的反應。這些反應上的差異，往往和爸媽自己的過往經驗、價值觀，及對孩子行為與態度的期待有所關聯。

「我的孩子竟然會說謊？」在這句話中，「竟然」兩個字很有意思，多少意味著，過去我們並不認為說謊行為會發生在自己的孩子身上。

「竟然」二字，就像在父母心裡投入了深水炸彈，令人被炸得措手不及。

「天啊！我的孩子竟然會說謊？這怎麼得了！怎麼得了！」

你的心如同遇到晴天霹靂，萬般無法接受。

「不可能！不可能！不可能！我家小孩怎麼可能會說謊！」

與其說不可能，倒不如說，你真的無法接受。

「小小年紀就說謊，那長大還得了？一定得改，一定得改。」你來回踱步著，口中念念有詞。「怎麼會這樣？怎麼會這樣？我可是徹底做好了身教，絕不說謊的啊……不行！做人一定得誠實，這個社會現在已經太假了，不能讓孩子也跟著沉淪下去。不要說偶爾說謊，在我的世界裡，一、次、都、不、行！更何況，我哪知道這是第幾次說謊？天啊！虧我如此信任他。孩子啊！你怎麼可以如此對我？不要說我有道德上的潔癖，我就是容不下小孩說謊。畢竟一回生、二回熟、三回……天啊！我連想都不敢想！」你雙手抱著頭，使勁地想把這「恐怖」的念頭壓下去。

「怎麼辦？怎麼辦？怎麼辦？」你急如熱鍋上的螞蟻。「想辦法、想辦法、想辦法，我一定得要好好想個辦法。」

終於，你深深吸了一口氣，點了點頭，握緊拳頭，口中喃喃自語：「嗯，我一定要讓孩子遠、離、說、謊。誠實是天經地義的事，不用懷疑。」

信任與接納的祕訣指南

祕訣153 別再要求孩子完美無瑕

祕訣154 提防負向思考的牽制

祕訣155 換個角度想：「孩子，你為什麼不說謊？」

祕訣156 降低說謊的成分比例

祕訣157 誠實面對自我

祕訣153

別再要求孩子完美無瑕

父母總期待孩子的品格與行為表現能晶瑩剔透，完美無瑕。我想，這樣的期待在電視廣告上聽聽可以，但實際生活中卻很難執行。畢竟**孩子的成長是不斷嘗試錯誤的一種動態改變，有了錯，才明瞭什麼是對；說了謊，才會慢慢了解誠實如何讓心情美好。**

請將這種如同過期化妝品的不合理想法拋棄吧！

但是，這個晶瑩剔透、完美無瑕的想法存在心裡很久了，就像梳妝台前的化妝品放了那麼久，哪有那麼容易說丟就丟？要重新調整認知，改變想法，的確不容易。不過請再次思考：期待孩子的誠信晶瑩剔透、完美無瑕，這樣合理嗎？

過期了，就拋棄吧！這樣的想法，請別套在孩子身上。

秘訣154

提防負向思考的牽制

說謊行為一定是破壞孩子品格的洪水猛獸嗎？倒也不盡然。但如果我們不靜下心好好面對，的確難免視說謊為禍害，把它當作妖魔附身般厭惡與排斥，欲去之而後快。

想像一下，在你的認知中，孩子是一張純白無瑕的紙，但突然有一天，你發現紙張的色澤不對，還有一些些汙垢！這時，我可以想像你那無法接受的驚訝表情，以及想要把這張紙漂白、再漂白，漂白、再漂白……無盡循環。

對於突然發現孩子說謊時的訝異，甚至驚慌失措，你的感受很自然也很真實。只是這樣的情緒落差及波動，往往受制於自己先前對於孩子誠信的期待。例如：「孩子不能說謊」、「孩子不該說謊」或「孩子不會說謊」等想法。

你的感覺被這些想法牽制了，也掀起了一波波負向的情緒浪濤。但，**你是否聽出了，孩子需要幫忙？**關於「說謊」，你真的了解嗎？

秘訣155

換個角度想：「孩子，你為什麼不說謊？」

我們都期待孩子不要說謊，也認為不該說謊。但**我們似乎很少翻轉來想：「孩子，你為什麼不說謊？」**

- 如果說謊能讓對方安心，那麼這個謊說不說？
- 如果說謊對彼此都沒有損失，那麼這個謊說不說？
- 如果說謊能讓爸媽更關心自己，那麼這個謊說不說？
- 如果說謊是在暗示父母：「我真的不知道該怎麼辦！」那麼這個謊說不說？
- 如果說謊可以逃避掉嚴厲的處罰，那麼這個謊說不說？
- 如果說謊能夠滿足自己的心理需求，讓自己更好過，那麼這個謊說不說？
- 如果說謊能夠讓自己得到想要的事物，那麼這個謊說不說？
- 如果說謊能讓你不對自己失望，那麼這個謊說不說？

如果，很多的如果……「孩子，你為什麼不說謊？」你可以試著自問自答。

秘訣156

降低說謊的成分比例

我們期待孩子誠實，但孩子仍會說謊。誠實與說謊看似對立，卻又很自然地並存在同一個人身上（包括大人與孩子）。或許關鍵在於，誠實與說謊的「成分比例」。如果能將謊言稀釋到微量，以不影響孩子身心健康為原則，說謊行為倒是可接受，也應該接受的。雖然我們難免期待孩子像是多重過濾的純水一般無雜質。

微量的謊言，若在可接受範圍內，請你坦然接受。

祕訣157

誠實面對自我

「我一定要讓孩子遠、離、說、謊、行、為。」我想，這一點是許多父母的期待。謊言，其實也是一種逃避的選擇。或許我們可以藉由孩子的說謊行為，開啟另一扇親子溝通之門，談談關於「面對自我」這一點，彼此是如何看待的。

我們是否很誠實地面對自己？

這也是在看待孩子的誠實與說謊時，很關鍵的價值所在。與其想要降低孩子說謊的可能，倒不如思考如何讓孩子誠實地面對自己，更了解自己，當然，也包括我們對孩子的了解。

社會很假，但我們依然可以很真。真實地面對內在的自己，需要親子一起努力。說謊，敲醒了一個人面對自我的大門。「叩叩叩，誠實在家嗎？」希望有人在。

問題三十

【直接簽名不就好了】我該完全相信孩子嗎？

「媽，幫我簽聯絡簿。」德明把聯絡簿往媽媽面前一擺。

媽媽問：「你的功課都做完了嗎？」

「對呀，在學校都寫好了。」德明回答。

「作業本呢？」媽媽問。

「就寫完了放在學校啊！」德明說。

媽媽放下了筆。「沒確認，我怎麼簽名？」

「就告訴你已經寫好了嘛。直接簽名不就好了。」德明顯得有些不耐煩。「你不相信我？」

聽了兒子的質疑，媽媽心裡有點猶豫。「我是很想相信你，只是……」信任孩子是她最基本的態度，但全然的信任，是否也讓孩子變得馬虎、取巧？這一點，在她心中有所顧忌。

「你不相信我？」德明咄咄逼人地追問。

媽媽的心裡也糾結著。「省點事，或許不需要老是跟孩子起衝突。」

德明催促。「哎呀，你隨便把名字簽一簽不就好了。」

隨便、隨便、隨便……好可怕的魔音傳腦，也讓媽媽感到好困惑。

「要不要打個電話給同學問問看？」她自己也知道這個問題問得很蠢。果然，德明一聽馬上變臉，速度比翻書還快。

「問同學，問什麼？我已經跟你講作業在學校寫完了，為什麼還要問同學？」

這個質疑重重地敲在媽媽心上。「為什麼還要問同學？唉，如果我打電話，不就直接否定了對孩子的信任，難怪他一臉氣呼呼的模樣。」

她有些自責自己怎麼會問這個蠢問題。

「作業沒帶回來，我就沒辦法確認他是不是真做完了，這樣怎麼簽聯絡簿？……只是，如果真的沒寫的話，那他明天又如何把作業交給老師？已經好多次沒有把作業拿給我看，每回都說在學校寫完了，這次，我應該再相信他嗎？」媽媽深深地吸了一口氣。「如果打電話向導師確認，應該能夠澄清我的疑惑。但如果被德明知道了，會不會又讓他火冒三丈呢？」

「你到底簽不簽？不簽就算了。」哥哥不耐煩地把聯絡簿收了起來，作勢離開。

「好啦！我簽，我簽。」媽媽搶下了聯絡簿，勉為其難地在本子上簽下名字。但她怎麼感覺像是被迫簽了賣身契？

媽媽心裡真的不知該如何是好。

信任與接納的祕訣指南

祕訣158 信任的過與不及要把關
祕訣159 徵信：仔細做好驗證工作
祕訣160 「隨便病毒」的超強殺傷力
祕訣161 絕不輕易妥協
祕訣162 親師熱線，一通搞定

祕訣158

信任的過與不及要把關

信任是對於孩子最基本的態度，全然的信任最是完美與理想。但是，過與不及的拿捏，卻也考驗著父母的智慧。信任，多少需要有基礎，這關係到孩子在此之前的信用表現。

沒錯，我們展現了全然的信任。這就像開了張沒有金額的支票給孩子，對他說：「孩子，你就自己任意填寫吧！」而在這當中，**孩子其實也在仔細觀察我們的態度，是否對他放任不管。**

我們是太相信孩子了？還是對他的關注不夠？

全然的信任，是一種完美的期待與追求。雖然給了孩子充分授權，但請別讓自己成為橡皮圖章，失去實質的把關作用啊！

祕訣159

徵信：仔細做好驗證工作

徵信？有沒有搞錯，我們在家又不是開銀行或辦貸款，幹嘛要對孩子做徵信？

你可能心裡存疑：「難道我還要對孩子的信用進行驗證？」

如果你的孩子歷年來的「還款」紀錄良好，不會逾期繳作業，還款能力也強——

這一點可以從他平時的考試、作業、評量、成績表現來判斷。對於眼前這位信用表現良好的績優大戶，你當然可以授予更多的信任額度。

但是，**如果孩子的託詞、理由和藉口一堆，你就真的需要仔細調閱他的徵信紀錄，以評估他的個人信用額度，也就是爸媽該對他有多少的信任。**

運用徵信做法，可以讓我們適時地對孩子的能力資產有所了解。

祕訣160

「隨便病毒」的超強殺傷力

認真的孩子最美麗。你沒看那專注投入的眼神多麼迷人，令人看得目不轉睛。不過，認真當然不應該只反映在教科書上。態度認真，也充分地反映了孩子對於自己的責任有確實負責，不會隨便。

千萬別小看「隨便」對於孩子成長造成的殺傷力。

「隨便病毒」總是隱身在每日的小細節當中，一點一滴呑噬著孩子的態度——對於自身與周遭人、事、物的負責態度。

我們隨便簽名，孩子自然也就隨便應付。

想像一下，如果你沒有仔細閱讀內容，就隨隨便便簽了契約書，後果很可能不堪設想。「投資一定有風險，基金投資有賺有賠，申購前應詳閱公開說明書。」要像這句話一樣謹慎。

你可能會質疑：「拜託，有那麼嚴重嗎？只是簽個聯絡簿，又不是向地下錢莊借錢簽借據。」千萬別小看聯絡簿，它在某種程度上扮演著孩子對於學習及生活內容的「信任簿」，有助於形成一種自我的誠信與責任感。

請隨時偵測、掃描並清除「隨便病毒」，以免孩子的誠信受感染，遭到威脅。

祕訣 161

絕不輕易妥協

「直接簽名不就好了。」也許孩子表現出不耐，但請別因此就輕易妥協，或被情緒勒索（為了避免惹孩子生氣，一切都好談、好商量、好放棄）。

孩子啊！在大人的世界裡，這是不對的。

簽名是一種態度，對彼此負責的態度。

這個立場，你需要非常堅定。

祕訣162

親師熱線，一通搞定

親子之間，誰比較了解對方？其實往往是孩子了解我們，勝過於我們了解他。你沒看，有多少父母被孩子吃定了。

「孩子，我不是不信任你。但這是媽媽對自己做事的一種負責態度。」

讓孩子了解，打個電話給老師是必要的澄清與確認。雖然可能讓他感到不高興，但一次把話說清楚，將親子之間的疑惑雲霧化開，這是必經之門，更是大人應該做的事。

澄清問題，並不等同於對其信用的否認。

問題三十一

【媽咪，不是我】小小孩說謊，我卻該高興？

演講時，我常常提到一件事：如果你發現家裡三、四歲的孩子似乎有說謊行為，其實當下應該感到高興，因為這某種程度反映了孩子在語言發展及人際互動上，往前邁進了一大步。這時，孩子已經開始懂得如何針對不同的人、事、物，使用不同的語言表達來應對，以逃避責任或尋求肯定。

但我還會再補充一句：先高興一下下就好。畢竟，孩子還是得慢慢學習如何透過「他律」，經由父母與老師等人的協助，而逐漸學習自律，也就是在自己的內心慢慢建立法律與規範，對於自己的說話內容誠實和負責。

當然，面對家裡的小小人兒說謊，許多父母難免會有像莉亞一樣的反應……

「開什麼玩笑？孩子說謊，我應該先感到高興？別鬧了好不好？小維已經三歲了，我擔心都來不及，怎麼可能高興。」莉亞雙手一攤，臉上露出不以為然的表情。

「我不是在和你開玩笑啦，你就先別往一般的說謊想嘛！」看到莉亞反應這麼激烈，茱兒試著緩頰。

「茱兒，你家的娜娜現在才一歲多，信不信，以後換成是你遇到了，也會和我一樣煩惱。就拿昨天下午來說吧，明明是小維把牛奶翻倒在地上的，當我問：『小維，你怎麼把牛奶弄倒了？』他卻回答：『媽咪，不是我。是波波走過去，尾巴把牛奶撞倒。』睜眼說瞎話。明明是我親眼看見他弄倒的，他不但不承認，還把責任推給一隻貓！波波原本在一旁睡覺，還是被他翻倒的牛奶給嚇醒的。」

「所以，你不覺得小維已經懂得翻倒牛奶這件事會讓媽媽生氣、不開心？」

「所以呢？牛奶翻倒了，我當然生氣啊！拜託，在家拖地、打掃的可都是我。」莉亞大口喝下已經冷了的咖啡。

茱兒試著勸說。「你換個角度想，孩子現在已經懂得連結自己的行為和後果之間的關係了。更重要的是，小維開始了解如何使用『語言』來掩飾自己不好的行為。這不就表示他的發展又成熟了一些？」

「孩子學會逃避責任免得被媽媽責罵，我也要開心？」莉亞有點疑惑。

「嗯，至少先開心一下嘛。當然啦，我的意思並不是說以後就讓小維繼續說謊。」

講出「說謊」這兩個字時，茱兒猶豫了一下，因為她總覺得對於幼兒，拿這個字眼套在他們的行為上有些不適合。

「你看喔，像我家娜娜如果打翻了牛奶，可能只覺得這是一件非常好玩的事，當然就愈玩愈有勁。這麼一想，你不覺得小維反而懂事多了？至少他的語言表達能力已經完整許多，還有一些因果關係判斷的能力出現，不是該高興嗎？」

聽了這番話，莉亞陷入思考中。茱兒繼續勸她：

「說謊人人都會，小孩當然也不例外。只不過，你就先別把打翻牛奶和誠不誠實這兩件事聯想在一起嘛！」

茱兒試著安慰莉亞，也希望她能持平看待小小孩的說謊行為。

信任與接納的祕訣指南

祕訣163 幼兒說謊，代表認知發展更成熟

祕訣164 幼兒說謊，懂得「行為」原來有「後果」

秘訣165　幼兒說謊，表示說話的功力升級
秘訣166　充當導覽員，幫助孩子回想過程
秘訣167　非關說謊：走在現實與想像之間

秘訣163

幼兒說謊，代表認知發展更成熟

我知道你會這麼問我：「小孩說謊，父母可是避之唯恐不及。心理師，你怎麼還問我們『開心為哪樁』？」

當然，這裡可以優先開心的對象，設定的是家中有幼兒的爸媽——沒錯，**你可以感到開心，因為你家小孩的認知發展已經往「成熟」再跨出一大步！**

請提醒自己，先別把幼兒的這些表現，往偏差行為的方向推過去。這時，幼兒的反應，還不屬於我們大人說謊的那一套。

幼兒說謊未必是壞事。幼兒說謊，多少在告訴爸媽：「我真的又長大了！」

請欣賞幼兒階段語言表達的精湛演出。

祕訣164

幼兒說謊，懂得「行為」原來有「後果」

先放個鞭炮吧！因為**你家的孩子已經逐漸懂得，原來「行為」是會帶來「後果」的**。

兩個幼兒比比看，同樣是把牛奶翻倒，一個覺得「好玩極了」，所以繼續玩；一個覺得「糟糕，會被媽媽罵」，乾脆就推給貓。請問誰的認知比較厲害？

幼兒說謊，表示其行為與後果的超強連結開始萌芽。爸爸媽媽們，請先安裝這套想法與概念，你的擔心與顧慮就容易消失不見。

祕訣165

幼兒說謊，表示說話的功力升級

再次提醒家中有幼兒的爸媽，孩子在這個時候，正是需要讓語言表達恣意加速，充分發展的階段。

「媽咪，不是我。」「是波波走過去，尾巴把牛奶撞倒。」請仔細想想，孩子的表達內容是不是比以前更豐富了，你甚至還能感受到那畫面。

你可能會很激動地強調：「可是孩子是用謊言來掩蓋事實啊！」但重點是，**他已經懂得用語言來掩蓋了——我強調的是「語言」，而不是「謊言」**。

在這當中，也讓你見識到孩子的社會情緒能力同步升等了。他除了怕被你處罰，也想要討你歡心啊！至少乖乖的，你會認為他是好寶寶。

祕訣 166

充當導覽員，幫助孩子回想過程

請先別急著質問孩子：「牛奶是不是你弄倒的？」因為當你這麼問，幾乎已經表明就是他弄倒的，孩子不否認很難。而如果孩子馬上承認，你大概也會生氣吧？

你可以試著以導覽員的角色，試著讓孩子回想剛剛他在客廳裡的畫面。

「小維，剛剛波波在睡覺時，桌上有一杯媽媽泡的溫牛奶。那時，你正好……」

語氣愈柔和愈好，孩子吃軟不吃硬。

說完，專注地看著孩子，傾聽他怎麼說。

這就像讓孩子看行車記錄器的畫面般，引導幼兒回想自己的行為，說說那過程。

祕訣 167

非關說謊：走在現實與想像之間

「現在的孩子超會扯的！這個年紀就亂說一通，以後還得了？」或許有些父母會這麼想。

但我想，所謂「超會扯」通常指的是孩子在語言表達上，常常把聽過的故事、看過的卡通、似懂非懂的知識等加在一起。這就好像孩子會把你跟他聊的動物園、海洋館、交通工具等，與他的過往經驗加在一塊，像端上一碗八寶粥一般，全部混在一起說給你聽。例如：「媽媽，我有看到長頸鹿和小小兵在搭捷運。真的，就坐在我旁邊。」

「拜託，說謊都不打草稿？」在你開罵前，請少安勿躁。

孩子現階段正處在現實與想像的發展之中。這與說謊無關，但和語言的創造與表達有關。

對於幼兒來說，這句話中有他的聯想，也反映著他現在關注的對象，例如長頸鹿、小小兵和捷運都很吸引他，**甚至於充滿著心中的期待**——和喜愛的長頸鹿和小小兵一起搭捷運。

現實與想像交織，將讓幼兒的語言迸出火花。

問題三十二
【那個男孩是誰】孩子為何不願意回答我？

在和青春期孩子的輔導諮商中，我發現了一件很微妙，但又嚴肅的事。有時，孩子寧可將心裡的想法對我說，卻不願意在爸媽面前開口，縱使他們和心理師僅是第一次見面。

在這當中，讓我看見了信任、尊重、傾聽與了解，如何在關係的建立上，發揮了關鍵作用。

當然，這也讓許多父母感到失望與失落。不管再怎麼樣，自己和孩子相處這麼久了，明明都有問他、關心他，但為什麼孩子總是不願意對自己說？

這一點，在青少年的交友與感情上特別明顯。就像下面這個例子。

「那個男孩是誰？」媽媽問莉莉，但只換得莉莉的沉默不語。

「那個男孩是誰？」媽媽加碼問了第二次，情況沒有改變，莉莉仍然沉默不語。

「不對、不對、不對，這孩子平時不是這樣沉默的，我看一定是心裡有鬼。」媽媽心想，立刻又開口問：「莉莉，昨天在巷子口和你說話的那個男孩是誰？」

媽媽決定問個清楚。然而，面對莉莉繼續沉默不語，自己有一種出局的感覺，開始感到有些壓力。她忍不住想：「奇怪，應該是孩子有壓力才對啊！怎麼會變成我呢？」

「莉莉，昨天傍晚五點，在巷子口和你說話的那個男孩是誰？」這個詳細又精確的問題一出口，媽媽便屏氣凝神地期待扳回局面，心想：「我這麼具體地把時間、地點都說清楚了，孩子總該承認了吧？」

沒想到，莉莉只是靜靜地看著媽媽，仍然沉默不語。

面對眼前不動如山的孩子，媽媽決定使出必殺技，愈說愈詳細，這樣至少能讓女兒知道自己昨天傍晚真的有親眼看見。

「莉莉，昨天傍晚五點，在巷子口和你說話的那個穿藍色條紋制服的男孩是誰？」

莉莉睜著雙眼皮明眸望著媽媽，像個穿了衣服的維納斯雕像，繼續沉默不語。

「這……這……這……」媽媽有些招架不住了，心想：「我怎麼感覺像在對女兒做筆錄，難道我把自己的孩子當成犯罪嫌疑人了？」

「莉莉，昨天傍晚五點，在巷子口和你手牽手、說悄悄話的那個穿藍色條紋制服的男孩是誰？」

媽媽雖然問得更仔細，卻也更疲憊無力，因為孩子一樣是沉默不語。

信任與接納的祕訣指南

祕訣168 「封殺」是一種溝通阻礙

祕訣169 撤除「此路不通」的路障

祕訣170 少說，多聽，受歡迎

祕訣171 與孩子換位思考

祕訣172 敞開溝通大門，以防沉默蔓延

祕訣173 以有溫度的關心，重新啟動關係

祕訣 168

「封殺」是一種溝通阻礙

我們可以想想，對於眼前孩子的交友問題，是否無論她怎麼回答，其實我們都已經有了標準答案：現在還在讀書，不能交男／女朋友，無論那個人是誰都一樣，免談。

假如答案已經這麼明顯了，那孩子為什麼還要回答你？**這不叫做溝通。這是下聖旨——你發出命令，而孩子得遵守。**甚至孩子都還沒有表達出自己交友的想法、狀況呢！

但你卻選擇一律封殺，免談。

如果是這樣，那孩子何必開口回答你的問題？

祕訣 169

撤除「此路不通」的路障

「那個男孩是誰？」你對於青春期孩子的交往充滿好奇——或者說，因為不了解而焦慮。

當我們這麼問，是想問出什麼？在這樣的問話過程中，孩子是否感受到了我們的不友善、對她交友狀況的不支持，以及我們對一切都還在狀況外？

別成為青春期孩子的反對黨。當我們為反對而反對，孩子又有什麼必要回應？

親子想溝通，請別設下「此路不通」的路障。

當爸媽明確傳遞出「無論如何都要放棄交往」的訊息時，對孩子來說，在此路不通的情況下，沉默是最不費唇舌的。結果，你想和青少年孩子的溝通，果然也變得此路不通。但別埋怨，這樣的局面是我們自己造成的。

秘訣170

少說，多聽，受歡迎

當孩子以沉默回應你的質問，而你也嗅到孩子不願意開口表露的意願時，是否適合繼續再問下去？

說真的，我會建議你先緩一下。事緩則圓。

或許這個時候，對話的氣氛不對；或許孩子還不知道如何告訴你；或許還不到孩子願意分享的時刻。

請學習：少說，多聽，受歡迎。

你應該有聽到沉默的聲音，甚至於聽懂了沉默的訊息。先拋出個疑問就行，讓孩子知道你關注眼前她和別人交往這件事。至於何時溝通，可再討論。

再次提醒你：是「溝通」，而不是單向式地發出行政命令，要求孩子遵守。

與孩子換位思考

當孩子對你的問題選擇沉默以對，這時對於沉默的解讀就很有意思了。

是她在隱瞞，代表承認嗎？

心裡有鬼吧，不然為什麼不說？

還是否認、消極反抗，對於這個蠢問題根本懶得回應？……

我想，解答只有孩子自己清楚。

你真的瞧見了孩子在巷子口和別人手牽手，說著悄悄話。你忍不住想：「拜託，答案都已經這麼明顯了，她為什麼還不說？」

但是，**請先別為沉默扣上「隱瞞」的大帽子**。沉默需要一點時間來解凍、退冰。

如果這件事，說了對孩子並沒有好處，那她又為什麼要回答你呢？

如果你真的期待孩子有所回應，那麼**請移個幾步，站在孩子的立場，想想她期待你怎麼問**。

秘訣
172

敞開溝通大門，以防沉默蔓延

請特別留意孩子的沉默反應。

第一次，她選擇不說，就很有可能第二次還是選擇沉默。如果爸媽並沒有**仔細察覺與孩子的互動模式需要改變**的話，青春期孩子的沉默，將會一次接著一次持續蔓延開來。

若孩子選擇對質疑沉默以對，請先思考：**我們是否把溝通的大門敞開了？**讓孩子看見你的誠意，否則，沉默將無限期繼續蔓延。

秘訣173

以有溫度的關心，重新啟動關係

沉默，或許反映著彼此的信任關係待改善。沉默，也可能表示孩子不知道該如何是好。沉默，多少顯示了此刻討論的時機未到。

孩子沉默，雖然讓我們很懊惱，但**也許是一種訊號，提醒爸媽去思索：「孩子，我們熟嗎？」**

關於這一點，只有你自己知道。

請以溫柔的態度、貼心的接納，以及想要了解孩子的心情，輸入密碼，重新啟動你們的親子關係吧！讓我們有溫度的關心，暖化孩子的沉默。

問題三十三

【反正都是我】偷了一次，就會有第二次嗎？

「好啦！反正就是我啦！每次只要有錢不見，都是我拿的啦！」深夜裡，緊閉的房門後響起培文激動大吼的聲音。緊接著，是媽媽急切的語氣。

「培文，你先別這麼激動嘛。畢竟錢是真的不見了啊……」

「所以呢？就一定是我？難道以前犯過錯，未來我都要一直背負這個錯？」培文憤怒不已。

「培文，不是媽媽要懷疑你，但是你也知道爸爸對於這次錢不見的事，非常非常的生氣。每個人都會犯錯，但是只要承認，同時願意改過，爸媽一定會原諒你的。」媽媽勸說。

培文更氣了。「對，每個人都會犯錯。但這一次，你們大人錯得離譜！」

「而且你想想，妹妹年紀那麼小，她拿錢要做什麼？」媽媽似乎沒聽見培文的辯解。

「那我拿錢又要做什麼？」培文反問。

媽媽沒回答培文的質疑，只是繼續說下去。「如果你有什麼需求，其實大可直接開口跟我們說。你也知道，你爸對於那個行為很敏感，而且也無法接受。更何況他對於前幾次的事一直無法釋懷。畢竟你是他唯一的兒子，他很在乎孩子的品格，我想這你應該知道。」

「拜託！前幾次，是多久以前的事了？你以為我也可以釋懷嗎？憑什麼這次認為一定是我？證據在哪裡？說啊！說啊！你們說啊！」培文愈說愈激動。

「培文，是沒什麼證據。只是……」面對兒子的質問，媽媽有點遲疑。

「只是什麼？只是因為我曾經偷過家裡的錢，所以現在就得活該倒楣被栽贓？」

聽培文脫口說出「偷」這個字，媽媽感到心揪了一下，她實在不想用這個字套在孩子身上。

「沒有人喜歡錢被偷，更沒有人喜歡被懷疑偷錢。以前我拿了、我做了，但我也承認了。可是這一次，我沒有就是沒有！你們不相信就算了，反正我也不會期待。

都怪我自己活該，偷了一次、兩次、三次……就算未來不再偷，也會一輩子都被認為是小偷！我必須說，你們都是用這樣的眼光在看我。」

「孩子，只是……」媽媽詞窮了，或者說，她心裡突然有種罪惡感。

的確，沒有人喜歡被誤解，更何況是自己親近的爸媽。如果連爸媽都不信任自己，可以想見在孩子的內心裡，這會是多麼大的挫折。

信任與接納的祕訣指南

祕訣174 粗暴的先入為主觀念

祕訣175 別讓孩子永遠背黑鍋

祕訣176 「反正」的無奈，使孩子心灰意冷

祕訣177 揮之不去的偷竊魅影，將壓垮孩子

祕訣178 以偏概全，沒有人能釋懷

祕訣179 真的誤會了，請勇於說抱歉

秘訣174

粗暴的先入為主觀念

為什麼你認定「就是」孩子拿的？除非手中有證據支持，如果沒有的話，這樣的認定對孩子來說反而是一種粗暴——欲加之罪，何患無辭。**這種大人隨心所欲的誣陷，最是令孩子反感**。千萬別以為如果誤會了，說聲抱歉不就得了，沒那麼簡單！

先入為主，往往令孩子覺得你在解決問題上根本沒經過深思熟慮。當你這麼做，除了讓孩子心理受傷之外，同時也容易使他心中對你產生怨懟：「為什麼就認定是我拿的？說不定是自己放錯了地方，或自己根本也忘了放在哪裡！」

先入為主，少了深思熟慮，對親子關係將帶來很大的風險，也容易拉大親子之間的信任距離。

秘訣175

別讓孩子永遠背黑鍋

誰喜歡背黑鍋呢？或許你覺得既然孩子曾有這樣的不好紀錄，一旦類似的事情再發生，先設定是他準沒錯。拜託，**這不是機率問題。是證據，需要的是切切實實的證據**。

每個人都會犯錯，當然也有人會一錯再錯，而改變了他人對自己的印象，容易讓他對號入座。這宿命，有時會使曾經犯過錯的孩子（例如偷竊），無力地陷入一池永遠無法洗清的汙水裡。不管自己如何改變，別人的印象始終就是——黑、黑、黑。出了事，錢不見了，第一個懷疑的就是自己。

沒有人喜歡被懷疑。

這永遠的黑鍋，很容易讓孩子選擇自我放棄，認為「既然你們都認為我會再犯錯，那麼就讓預言印證，我乾脆錯給你們看！」

你不喜歡碰黑鍋，也別讓孩子背黑鍋。

祕訣 176

「反正」的無奈，使孩子心灰意冷

請注意，**當「反正」這個詞出現，孩子等於告訴你，他的心已經死了，不動了。**無論他怎麼做、怎麼解釋，都無法改變既定的事實——被認定的事實，與偷竊連結的事實。

反正，孩子已心灰意冷；反正，孩子已不再期待……「反正」這個詞，就像病毒般滲透到孩子的思考中。這兩個字正腐蝕著孩子對事物的合理解釋，我們一定要正視。

貼上標籤容易，但去除時，心裡多少都會留下痕跡。

祕訣
177

揮之不去的偷竊魅影，將壓垮孩子

有一天，孩子真的不偷了——其實，在那些年之後，他就不再偷了——他的品格正如你所預期的，改過向善，往好的道路走。但是，**長期被認定與懷疑，就像拋不開的魅影，如鬼怪般糾纏著他。**

偷竊，停止了；自尊，卻也沉了。孩子的行為，你看見了；他的內心，卻被漠視了。

你是否想過，我們不知不覺地把罪羅織在孩子身上，讓他在成長的路途上，背負著這重重的莫大包袱。步伐愈來愈沉重，身形愈壓愈低；呼吸愈來愈沉重，自尊也愈來愈低、愈來愈低、愈來愈低……直到整個人的內心都被魅影籠罩。

這是你所期待的孩子成長的結局嗎？

別讓魅影，糾纏孩子的心。

祕訣
178

以偏概全，沒有人能釋懷

我們都期待眼前的孩子誠實。但是如果爸媽選擇以偏概全，從孩子過往偷竊的例子，偏頗地認定他整個人未來的行為都不誠實，**沒有孩子能釋懷、能接受的。**

你期待在孩子小小心靈上，放一個大石頭，壓抑他的想法與感受嗎？

秘訣179

真的誤會了，請勇於說抱歉

我們都曾經誤會過孩子。對於孩子敢做（雖然，他壓根兒都沒做）卻不敢當的行徑，充滿著不以為然的態度。

但是，如果我們真的誤會了——

請勇於在孩子面前承擔錯誤。

認錯，勇於面對，讓孩子能夠親眼見識到爸媽自我坦承的勇氣。別再讓「孩子，只是……」的存疑，彌漫在親子之間。

否則孩子不偷了，心，卻也打烊了。

第6部 誠實

建立身教與示範的標準

問題三十四

【身教的兩難】我該迎合孩子的需求而說謊嗎？

孩子愛看電影，是好事。孩子主動表示要看電影，更是好事。只是，有點尷尬，也比較難向孩子解釋的是，為什麼他們想要看的電影不適合看。而讓父母更為難的地方，在於孩子很盧、很堅持：「我要看，就是要看！」

「媽媽，我要看《小小兵》，我要看《小小兵》！」哥哥在一旁吵著，媽媽當然知道他要看。

「媽媽，我也要看《小小兵》，我也要看《小小兵》！」兄妹倆就是這樣，哥哥想做什麼，妹妹當然二話不說也一定要跟著做。

不過，媽媽注意到這部電影是保護級，便認真地拿出手機上網查詢：

「保護級（簡稱「護」級）：未滿六歲之兒童不宜觀賞，六歲以上未滿十二歲之兒童需父母、師長或成年親友陪伴觀賞。」

媽媽有點頭痛了。「哥哥，你現在已經小二了，媽媽陪你到電影院裡看《小小兵》OK。但是妹妹現在才中班，未滿六歲耶，這……該如何是好？」

哥哥聽了，馬上對妹妹說：「妹妹你不能看《小小兵》，你不能看《小小兵》！」

「我要看《小小兵》，我要看《小小兵》！」妹妹被惹得大叫。

「唉！哥哥你真是的，幹嘛要刺激妹妹啊！讓她哭、讓她叫，這樣你也開心？」

媽媽實在不喜歡孩子在公共場所吵鬧，這讓她覺得很難堪。

「小姐，請問你有在排隊嗎？」後面突然出現年輕人的詢問聲。

「嗯……有啊！有啊！」

媽媽雙手開弓，同步推著兄妹兩人向前挪移了一小步。只是步伐愈接近櫃檯，她的心跳也愈快，開始在想：

「怎麼辦？怎麼辦？待會到底該怎麼說？要謊報妹妹的年齡嗎？妹妹呀，平時叫你多吃飯，你就不要。不然，吃飽吃壯吃高一點，現在看起來也會有六歲的模樣啊！唉，害媽媽現在緊張得都要喝水紓壓。」

「媽媽，妹妹能看嗎？你剛剛不是說《小小兵》要滿六歲才能看，但是妹妹的六歲生日還沒到耶！」哥哥問。

被哥哥這麼提醒，媽媽腦筋更是一片混亂了。「你也知道不讓你妹妹看還得了，她可是會抓狂的啊。」

「所以，媽媽你要騙賣票的阿姨說妹妹已經滿六歲了，是不是？」天真的哥哥大聲詢問。

「拜託，你這小子，什麼騙不騙的，幹嘛講得這麼大聲，是要讓全電影院的人都知道是不是？」後面的年輕人眼神直盯著自己，表情似乎在提醒她：「做媽媽的，不能在小孩子面前說謊喲！」

輪到他們了。

「三張《小小兵》。」媽媽忐忑地說。

然而，售票人員問她：「請問小朋友現在幾歲？」

「哥哥八歲，妹妹……」媽媽邊回答，心裡還邊在猶豫。

建立身教與示範的祕訣指南

祕訣180 以孩子能理解的方式說服他

祕訣181 尋找其他出口，轉移失落情緒

祕訣182 小心「合理化」想法的陷阱

祕訣183 請勿不斷破例

祕訣180

以孩子能理解的方式說服他

電影的分級制度，從保護兒童、青少年身心發展的立意來說，是值得肯定與參考的。你可能心想，是哪一群人有那麼大的權力決定誰可以看，誰謝絕觀賞？

根據文化部公開對《小小兵》審議的結果，所持的理由是：「本片部分劇情涉及偷盜，其部分對白有混淆道德秩序觀，須父母、師長或成年親友陪伴輔導觀賞，故列保護級。」這些理由，先試試看能不能說服你？

「媽媽，你剛剛不是說《小小兵》要滿六歲才能看？」規定上，寫的是「不宜」。然而，孩子可能不解這是哪門子規定，甚至不斷抗議：「我要小小兵，我要小小兵，我要小小兵！」

當你決定秉持「誠實至上」的原則，該如何以孩子能夠理解的方式說服她——小小兵會把你帶壞，**在遣詞、用字及修飾上，需要花費一番工夫。**

秘訣 181

尋找其他出口，轉移失落情緒

當然，在孩子一心想看的情況下，解釋、說理在當下是行不通的，因為孩子的腦海裡都已經被小小兵占領了。

這時，請運用「轉移」的方法。轉移、轉移、轉移，先別說理。未滿六歲的孩子，還是很好講話的，不妨透過其他的事物，轉移她的注意力。

當未滿六歲的孩子因為「保護級」的防火牆，被小小兵擋在外面，這時，失落在所難免。**爸媽可以試著尋找另一個替代事物（不一定是看電影），來撫慰、轉移孩子的失落感。**

我想，這是另一個選擇的出口。例如沒看到電影，卻拿到小小兵的玩具或公仔也可以。

面對孩子的失落感，我們可以幫她找到出口。但出口有很多，說謊不會是唯一選擇。

祕訣182

小心「合理化」想法的陷阱

回到電影院現場。

我想孩子平時的歇斯底里，可能讓你餘悸猶存，尤其是如果她沒看到……那還得了！

但在孩子眼前，面臨是否謊報年齡的選擇，這實在是為人父母的為難。這時，**尋找合理化的說法，往往是讓謊言脫穎而出的好幫手。**

或許，你心想：「雖然我家妹妹生理年齡還沒有滿六歲，但她的心智年齡應該超過六歲了。」這種合理化的想法可能會讓你覺得舒坦些，而脫口說出：「哥哥八歲，妹妹……六歲」的回答。

大人對於自己的說謊行為都想找個階梯，讓下來的姿態比較優雅。但是請小心，「合理化」的發酵，將讓你在孩子面前不斷示範說謊這種行為。

祕訣 183

請勿不斷破例

其實無論大人或小孩。當謊言即將脫口而出時，心裡很容易浮現出一句：

「僅此一次，下不為例！」

當然，這次的下不為例，你可以找到許多看似合理的理由：「妹妹也愛看啊！」「沒關係，保護級，媽媽保護你！」「規定是不宜觀賞，又不是不能觀賞。」

「哎喲，不就只是看電影而已，沒什麼大不了。」

為了迎合孩子或害怕孩子不開心，很容易讓我們選擇妥協。

「僅此一次，下不為例。」至少先解決了眼前的燃眉之急。**但是否真的就這麼一次？這挑戰著你的誠信。**

請提醒自己，「下不為例」，是否讓我們不斷破例？

問題三十五

【當角色互換】爸媽，你們會不會說謊？

孩子愛發問，這是爸媽常有的經驗。然而，孩子無所不問，爸媽卻很難無所不答。特別是當他們拋出敏感而難以啟齒的問題，像是我們要求他，但是我們自己卻做不到的事，當場總讓為人父母者尷尬了。

「爸爸，你會不會說謊？」明珠問爸爸。

「開什麼玩笑，做爸爸的就是要維持好榜樣，怎麼可能會說謊？」爸爸吞了吞口水，眼神飄向媽媽。

「媽媽，你會不會說謊？」明珠又問媽媽。

「嗯……嗯……嗯……當然不會啊！我跟爸爸一樣都要維持好榜樣，所以怎麼會說謊呢？」媽媽用力搓揉著雙手，把眼神拋回爸爸身上。

「爸爸，那你小時候有沒有說過謊？」明珠問出第二個有殺傷力的問題。

「啥？小時候……嗯，剛剛爸爸已經說過了啊！我們要做好榜樣，所以沒、有、說、過、謊。」這一字一字地說著，讓爸爸感到有些難為情。

「媽媽，那你小時候有沒有說過謊？」問完爸爸，輪到媽媽了。

「啥？小時候……嗯，小時候……小時候……哎呀，小時候的事情都已經隔了那麼久，我怎麼會記得？我想應、該、沒、有、說、過、謊。」媽媽突然有一種接受孩子測謊的感覺。

「爸爸，那小朋友說謊會怎樣？」明珠沒有察覺爸媽的坐立不安，繼續問。

「嗯……小朋友說謊當然會被討厭啊！畢竟大家都喜歡誠實的小朋友。」爸爸說。

「那大人說謊是不是也會被討厭？」明珠問。

爸爸露出尷尬的表情。「當然也會被討厭。」

「天啊！這孩子的問題怎麼這麼多？既然你都已經問了爸爸了，就不要再把問題拋給我了。」媽媽心中有些忐忑，但她其實並不那麼清楚為什麼對於說謊的話題，自己會感到如此心虛。「我真的不會說謊嗎？騙誰？哪個人不說謊。都是爸爸啦，說什麼維持好榜樣，既然他都自稱不說謊了，我當然也得比照這標準。」媽媽狠狠瞪了爸爸一眼，只見他心虛地低下頭。

「說謊有什麼大不了的。哪個孩子不說謊？不，應該說，哪個大人不說謊？」

媽媽心裡愈想愈不對勁。「拜託，我們現在不就在對孩子說謊？」

媽媽心中的誠實之聲和正義之音蠢蠢欲動，不斷暗示著自己：要面對！

「明珠啊！其實媽媽小時候……」

建立身教與示範的祕訣指南

祕訣184 正視敏感的提問

祕訣185 貼近內在的形象

祕訣186 跳脫二分的假象

祕訣187 釐清說謊的情境

祕訣188 親子誠實遊戲：「真心話，大冒險」

祕訣 184

正視敏感的提問

「爸爸，你會不會說謊？」「媽媽，你會不會說謊？」當這種敏感問題突然從孩子口中拋出，爸媽難免一時驚嚇，反應不過來，畢竟自己平日常說的是：「孩子，你不要說謊。」

當孩子這麼一問，一回神，不知道該如何回應，尷尬和焦慮把腦細胞殺死了一大堆。

但重點在於，孩子所拋出的問題，爸媽平時並未自我覺察地想過。然而，每個人多少都有難言之隱。小孩如此，大人也一樣，心中都有一些不想告訴別人的事實。

孩子的提問，總是直入內心，也點醒了我們要正視「說謊」這件事。**如果我們大人做不到，那又該如何要求孩子誠實呢？**

祕訣 185

貼近內在的形象

我們都知道彼此在說謊。但為什麼說謊讓自己在孩子面前難以啟齒？或許你心想：「這當然是形象啊！不然自己做不到，以後怎麼面對孩子？就算做不到，至少也不能讓孩子知道。」

但這個形象，會不會只是個假象？甚至於當這個形象如氣球般脆弱，針一刺就破，那麼你是否還要堅守「爸媽怎麼會說謊」這道自我欺騙的防線？

讓形象與自己的內在貼近。這時，你的心會比較踏實些。

祕訣 186

跳脫二分的假象

形象其實有很多種。維護形象，並不表示自己就是純白無瑕疵。人生的道路塵土飛揚，想要不惹塵埃，你也知道這是不可能的任務。

對孩子坦承自己曾經說謊，也會說謊，這樣的爸媽其實比較符合人性。同時，面對自己，坦承錯誤，對孩子來說，**反而更是一種勇於面對的好形象。**

說謊，人人會，其實沒有人具備百分之百的誠實。

祕訣 187

釐清說謊的情境

當夜深人靜，我們可以捫心自問：「在要求孩子不能說謊的同時，我們自己誠實嗎？」不希望孩子出現的行為，我們自己當然就不要做。

生活中，我們常不知不覺在說謊。而有樣學樣的模仿是孩子最安全的做法，反正跟著爸媽做就對了。

孩子能不能説謊？其實這不應該屬於「能」或「不能」的二分問題。説謊真的都是錯的嗎？很多事情需要視情況。

當孩子這麼問你：「爸爸，你會不會説謊？」

你可以這麼回答：「當然會説謊，但是要看在什麼樣的情況。」

所以，請你也冷靜思考孩子説謊背後的理由。

或是當孩子問：「媽媽，你會不會説謊？」

你也可以這麼回答：「當然會説謊，但是要清楚自己為什麼説謊。」

所以，請你也持平地看待孩子的説謊行為。

我們是否知道自己在什麼情況會説謊？説謊想要達到的目的是什麼？更重要的是，如何讓這個謊不至於傷害到對方。

祕訣 188

親子誠實遊戲：「真心話，大冒險」

來進行一場親子誠實與膽量的「真心話，大冒險」遊戲如何？輪流或猜拳都可以，誰輸了，就從「真心話還是大冒險？」當中選一個吧！

當爸媽猜輸了，選擇「真心話」，就必須誠實地回答孩子任何的提問。你心裡或許期待：「孩子啊！請手下留情，可別提出讓爸媽尷尬的隱私問題啊！我們也會害羞的。」

如果選擇「大冒險」，那麼爸媽就得做出孩子所提的任何事情。雖然挺尷尬的，但總比被問「真心話」還……安心一些。

親愛的爸媽，你們可別只顧選擇「大冒險」。**想想真心話為何不敢說出口？否則很容易讓孩子覺得爸媽不願誠實面對。**

現在的孩子很聰明，請別小看她的判斷。

問題三十六

【說我不在家】大人說謊就可以嗎？

「很抱歉，我現在真的不需要銀行貸款，請你不要再打電話了好不好？我已經說過好幾次了，不、需、要。」

媽媽氣呼呼地結束通話，抱怨著：「奇怪，這些銀行到底是從哪裡得到我的聯絡資料，現在不都是有個資法嗎？真囉嗦。以前需要貸款的時候吹毛求疵的，愛借不借。等到現在不需要了，三天兩頭打電話來問，真的是煩死了。」

「媽媽，你不要接電話不就好了。」婕妤建議。

「我哪知道是誰打來的？遇到重要電話怎麼辦？倒楣的還不是自己。」媽媽回她。

「如果你真的那麼討厭的話，就直接掛上電話啊！」婕妤有點不以為然。

媽媽回應：「再怎麼說，這些負責銀行貸款、仲介服務的電話行銷專員也是在工作。這樣直接掛上，不尊重、不禮貌啦！更何況有的人還跳過手機，直接打電話到家裡來。依我的經驗，這一波電話會打個幾天，想辦法說服你。這樣好了，婕妤，下次家裡的電話就讓你來接。如果你一聽是銀行打來的，問要不要貸款、借款，你就一律告訴對方說我不在家，懂嗎？」

「可是，媽媽你明明在家啊！這麼回他，是不是在教我們小朋友說謊？」婕妤問。

「狀況不一樣啦！這不是說謊，這是……」糟糕，媽媽詞窮了。

「什麼？」婕妤瞪大眼睛等著媽媽的回答。

「嗯……嗯……這叫解決問題啦！」說出來後，媽媽鬆了一口氣。

「可是你在家啊！」婕妤說。

「我當然知道我在家，只是我不想接這種電話，很煩的你知不知道。愈解釋就像麥芽糖一樣愈黏。」媽媽說。

婕妤感到有點疑惑。「可是媽媽，解決問題應該有很多方法吧？」

「拜託，你怎麼也像電話行銷專員一樣囉嗦啊！說我不在就好了。」媽媽想結束話題了。

「你騙他說不在，他還不是會說『那我晚一點再打來』，這樣不就沒完沒了。

難道我要一直跟他說『我媽媽不在家』、『我媽媽不在家』、『我媽媽不在家』？還是我乾脆跟他講『我媽媽已經離家出走了』！」婕妤半開玩笑地說。

「ㄟ，你這小孩怎麼搞的，難道就不會變通一下，撒個謊有那麼嚴重嗎？」媽媽有點火了。

我們都忘了一件事。

原來，都是我們在教孩子說謊。

建立身教與示範的祕訣指南

祕訣189 言之要有理

祕訣190 評估謊言的得與失

祕訣191 思考其他選項，展現解決問題的能耐

祕訣192 謊言請限額，非必要時不出口

秘訣189

言之要有理

每個人面對自己的說謊行為都有一套說詞。**是否能夠言之有理，或只是自圓其說，如何讓聽的人認同並接受你的善意謊言，你的立場需要清楚表達。**

「負責銀行貸款、仲介服務的電話行銷專員也是在工作。」這一點，媽媽的看法正確。無論對方的舉動讓你感到多厭惡，撥打電話仍然是他們工作的一部分，基本的尊重仍然需要相互維持，每個人都有自己的界線，勿越界。因此，媽媽對於這樣直接將電話掛上，視為是一種不尊重對方、不禮貌的行為，這是很值得被肯定的想法。

以這樣的理由，使用「說我不在家」的謊言解決方式，你認不認同？

謊言，有什麼道理？你的理由，至少要能夠說服自己、說服孩子。

秘訣190

評估謊言的得與失

說謊是一種選擇。當你決定這麼做，應該先評估一下事前、事後，謊言的成本與代價。

對電話行銷專員來說，無論是告訴他「我媽媽不在」，或親自接聽電話，你都不會同意接受信貸服務。在這種情況下，對方沒損失。

那對自己來說呢？「媽媽你明明在家啊！這麼回他，是不是在教我們小朋友說謊？」以這一句疑問為例，**先不要立即判斷得與失。**

或許你擔心孩子這麼一問不就對於媽媽的行為產生質疑，甚至認為是一種不好的示範。

乍看之下，似乎是如此。但翻轉一下看待事情的方式，**孩子的這個疑問，不也帶來一次親子共同討論謊言／誠實的機會？**讓彼此能夠分享與聆聽親子對於謊言的想法與感覺。

討論謊言，對親子關係就是一種加分。

祕訣191

思考其他選項，展現解決問題的能耐

沒錯，如同孩子提到：「媽媽，解決問題應該有很多方法吧？」單單這一點，就該為孩子拍拍手！

或許對媽媽來說，直接用「說我不在家」的理由是最快速的解決問題方法，但是，如果能夠**選擇更成熟的方式因應**，例如：「很抱歉，目前我沒有貸款的需求。」直接表明自己的立場更好。而當對方不斷想要試探、繼續說服時，「很抱歉，目前我沒有貸款的需求」這句話可以重複播放，有些歷練的電話服務專員應該會知難而退。

如果你的立場已經表明得很清楚，必要時，可以在電話上設定拒接來電黑名單。畢竟你已經清楚向對方表明了，為了不浪費專員的時間，來電就不接聽了。

解決的方法很多，謊言只是其一。但不見得一定得如此選擇。**藉這個機會，我們要讓孩子見識到父母解決問題的能耐。**

祕訣 192

謊言請限額，非必要時不出口

這次你打了說謊牌，狀況解除了。那麼，如果孩子日後也比照辦理呢？想想，孩子只是依照你的方式，甚至於採SOP的說謊步驟，你會反對嗎？

我想，當下你也可能覺得心頭怪怪的。搞不好會學起孩子那句：「解決問題應該有很多方法吧？」

親子彼此都在成長。偶爾使用謊言的有限配額來解決人際互動的問題，或許情有可原。但我們終究期待彼此的成長能夠更上一層，每一次的出手，每一次的解決，每一次的救援，都會是一場漂亮的經典賽。

請對說謊行為嚴加管制，且每月限額使用。當然，非必要時，省點用最好。

問題三十七

【都是你在講】爸媽，能不能別再嘮叨，聽我說？

演講時，我常告訴聽眾：「在臨床心理師的角色中，我可以維持百分之九十八、九十九的專業。但回到家，全館七五折優待。我也會變得嘮叨，囉嗦，沒有原則。」

這句話所要強調的是，沒有人可以說「我是專業的爸爸」、「我是專業的媽媽」。因為隨著孩子的成長，我們也在「爸媽」的角色上不斷學習。

當然，我們總希望自己能學得更好。至少，折扣別打那麼多。

我們似乎都忽略了，嘮叨對於親子關係的破壞力。嘮叨，很容易把孩子推得離我們更遠，也懶得跟我們說了。

「小玉，我不是叫你把手機放在家裡，不要帶去學校嗎？這回好了吧，被老師收去保管，還在聯絡簿上鄭重叮嚀我和爸爸：『請多管教孩子，別讓老師困擾。』唉，怎麼老是說不聽呢？」媽媽話一起了頭，就念個沒完。

「我只是——」

小玉正要開口，卻立刻被媽媽打斷了。

「還有，什麼叫『我媽媽要我把手機帶在身上，好方便聯絡』？聯絡什麼？更何況，我什麼時候跟你講過這句話？小小年紀就說謊，真是的，愈想我就愈氣！」

「我只是——」

也不管女兒到底想說什麼，媽媽抓住話頭又開始碎碎念。

「只是什麼？說謊，亂掰理由，還有什麼藉口好說的。這跟外面詐騙集團常常亂槍打鳥，亂撥電話說什麼『你女兒出車禍住院了，趕快到提款機前匯款』有什麼兩樣？」

「你在胡說什麼？」聽媽媽把自己和詐騙集團連在一起，小玉有點生氣了。

「是你在胡說，還是我在胡說？搞清楚耶，每次被你這樣在老師面前亂說一通，我都快成了你們班上的家長黑名單——情節重大，屢勸不聽。你可別讓我在其他家長面前丟臉！」媽媽一說就是一長串。

「媽，你的話怎麼那麼多？可不可以好好聽我說？」小玉心裡嘀咕著，接著嘗試解釋：「我只是——」

才剛開口，又被打斷了。

「只是怎樣？說謊不打草稿，找爸媽當人頭？小玉，我告訴你，小小年紀就這麼不誠實是非常可怕的事情。唉，難怪現在社會上假的東西一堆，亂成一團。」

「我只是——」小玉說。

「你不要再找理由了，我不想聽你解釋什麼。在老師面前說謊就是說謊，你得要勇於面對錯誤，該承認就承認，這是做人的基本道理。現在這年紀都沒有辦法讓人家信任了，那麼以後長大出社會，誰還會想要理你？別作夢了。」媽媽已經幫孩子先想到十幾年後的未來了。

「我只是——」小玉說。

「而且你才小學六年級，把手機帶去學校幹嘛？愛現嗎？證明你有智慧型手機？唉，從小就這麼愛慕虛榮，長大還得了。如果不是我們家的經濟狀況還好，依你的條件，還有未來的就業市場，要自己買一支iPhone 6、7、8、9、10的，我看難喔！」

「我只是——」

孩子老是沒機會把話講完。

建立身教與示範的祕訣指南

祕訣193

嘮叨囉嗦拮抗劑

在親子關係中，父母的嘮叨與囉嗦往往會激起孩子的對抗作用。並非孩子不想澄清你認為她說謊的疑慮。但是當你如機關槍似的不給她留表達的餘地，結果當然就會讓孩子繼續和你對抗下去。

對抗，阻斷了彼此的對話關係。對抗，讓親子關係更加疏離。對抗，很難讓孩子了解你重視她是否誠實的用意。

我們必須認真思索：**到底是你想說？還是你想聽孩子說？**

祕訣 194

自我表露強心劑

孩子需要表達，需要說說她心中的一些想法。不管你認不認同她所持的理由，請試著讓她說，甚至應該讓她「好好說」。說真的，青春期的孩子如果還願意開口對父母說，爸媽心中真的該高興。

孩子願意自我表露不容易，因為這當中牽涉到她對你的信任。你的信任將扮演強心劑，能夠讓孩子願意表達自己內在的想法，進一步改善親子關係，增進良好循環。

試著感受孩子的心。當她說出自己的想法時，仔細地聆聽她所要傳達的任何訊息。

只要孩子願意說，你們之間至少就多了一分了解。

祕訣 195

親密關係黏著劑

縱使你心中有許多疑慮，但是若你願意靜下心來，仔細聆聽，能夠做到「傾聽」這一點，就值得好好肯定自己，因為這實在有些難度。

好好聽孩子說，先不批判，不加以論斷。**讓你的身體微微向前傾，讓眼神專注，孩子能感受到你正在聽。**

傾聽，能夠充分發揮關係黏著劑的作用。有了關係，你才有機會真正了解到孩子的想法，及面對事情的態度。

秘訣196

自我覺察顯影劑

顯影劑的作用在於照X光或做電腦斷層攝影時，讓組織間的對比更加清晰，進行醫學影像判斷時更敏感、具體，同時能提升正確的判斷率。

親子關係間的自我覺察也有如此的作用，有助於驅散模糊迷霧，讓關係更清晰。

你是否覺察到自己的滔滔不絕如江水，讓孩子幾乎快要窒息、滅頂？她多期待：「媽媽，你真的別再說了！」

你是否覺察到孩子那一句「我只是……」，以及她未說出口的疑慮？**或許她還在整理自己的思緒，思考如何告訴你。**

你是否覺察到孩子最後那透著無奈又無力的眼神、表情和嘴型，說話語氣、語調、音量及身體姿勢？「我只是……」正在傳達著「我懶得再跟你說了」的強烈訊息。

如同配戴眼鏡，度數要夠，親子關係才能看得清晰。

祕訣197

耐心等待固定劑

有時我們該停下來想想。面對孩子疑似說謊，自己「真正」在意的是什麼？是來自於旁人的反應？別人對於自己教養方法的指指點點？還是對於孩子誠信的擔心（從小就這樣，長大了該怎麼辦）？或者是她面對問題的態度（逃避、否認或搪塞）？說謊，該不該有理由？

別忘了，我們大人也總是有那第一〇一個說謊的理由。無論如何，至少先好好聽孩子怎麼解釋。孩子有表達的權利，當然，你也有選擇相信與否的權利。

當孩子說出「我只是……」——請讓她好好把話說完。

給孩子時間和機會好好說完。就像製造香水時，當中的固定劑常用來降低蒸發率，以提高穩定性，保持原來的香味；你的耐心和等待，也能提高孩子願意和你溝通的穩定性，至少降低了她的表達蒸發率。一旦孩子不想說，你的許多期待也真的都免談了。

耐心，需要培養。付出等待，你將有機會遇見孩子誠實的天明。

在親子關係股中，耐心，是一種獲利率很高的投資。

問題三十八

【小木偶的長鼻子】爸媽，你們為什麼不認錯？

這天的閱讀時間，媽媽跟茵茵一起看了小木偶皮諾丘的圖畫書，大班的茵茵專注地聽著媽媽念故事。

「……終於，皮諾丘變成了真正的小男孩……」故事講完了。媽媽闔上書，決定順勢教茵茵誠實的重要性。「茵茵啊，你看，我們不能說謊，說謊的人，鼻子可是會變長喲！」

「騙人，你才說謊，鼻子根本就不會變長。」茵茵說。

「怎麼不會呢？你沒看小木偶皮諾丘，不是說謊害鼻子變長了嗎？」媽媽說。

「拜託，那根本是假的。小木偶本來就不會說話，都是你在亂講。」茵茵反駁。

媽媽搔了搔頭，心想：「天啊！現在的小朋友怎麼變得這麼難騙，竟然那麼清楚童話故事裡面說的都是假的。只是小木偶都編下去了，該怎麼自圓其說呢？」

一不做、二不休，乾脆繼續說下去。

「小木偶當然有啊！不然，故事裡怎麼會提到呢？」

只不過，說得有些心虛，畢竟自己的出發點是向孩子強調要誠實，不要說謊。現在怎麼變成自己說起謊來？

「沒辦法，還是得維持我這個做媽媽的面子。不然這次招認了，以後孩子哪肯再聽我的。」

說謊，果然讓人感到十分焦慮。額頭上的汗珠似乎在告訴她，說謊真的不是自己擅長的事。

「我才不想聽你在那邊亂講話呢！」茵茵用手摀住耳朵，「你根本在騙人！騙人！騙人！騙人！」

一連幾次的騙人重重敲進媽媽的心坎。這重重的一擊，瞬間讓她覺得自己怎麼比孩子還不成熟。媽媽有些招架不住，不知道該如何來圓謊。

「這些童話也真是的，怎麼連小朋友都不相信了。」媽媽竟然怪起了小木偶，雖然自己想起來也覺得有些荒唐。

「該如何收拾呢？」望著一直摀著耳朵的茵茵，媽媽真的思緒打結了。「怎麼辦？其他的媽媽都是怎麼過招的啊？」

面對眼前功力高超的孩子，媽媽真不知道該高興，還是頭痛。但可以確定的是面對眼前的情勢，她真的是感到懊惱萬分，進退失據。

「大人不都期待孩子勇於面對自己的錯誤嗎？如果連自己都做不到，怎麼要求孩子？」媽媽內心持續交戰，紛亂的思緒相互拉扯著。「還是乾脆老實對她說，小木偶真的不存在。但……我真的要認輸嗎？」

然而，一想到得對著孩子承認自己亂說話，實在不敢再往下想。

哎喲！都是皮諾丘惹的禍啦！

建立身教與示範的祕訣指南

祕訣198

留意童話的保存期限

在孩子年紀還小時，用童話故事唬唬孩子，多少能讓她的行為有所克制。比如這首歌謠：「虎姑婆別咬我，乖乖的孩子睡著囉。」不用你抱著哄睡，只要搬出虎姑婆，連裝都不用裝，哭鬧的孩子馬上安靜睡著。

我們免不了食髓知味。這招好用？就給它繼續用下去、哄下去、騙下去和編下去。

「你再哭，再不聽話，小心警察叔叔就會來把你抓走。」波麗士大人的招牌真好用，嚇很大！

「不要用手指月亮，不然會被月娘割耳朵喲！」奇怪，那為什麼外星人E.T.用手遙指著天空說「E.T.phone home」卻不會？

我們可能忘了，有一天孩子會長大！

別忘了，我們漸漸老了，他們漸漸大了。我們頭腦漸漸鈍了，他們反應漸漸快了。他們慢慢會了解小木偶根本不存在，虎姑婆是你在瞎掰，警察叔叔時間才沒那麼多，還有哪來的月娘割耳朵。

童話永遠是童話，但別忘了孩子可是會長大。

哄騙小孩，請留意保存期限。

祕訣199

認真看待孩子的成長

有時父母會編個說法，想著敷衍一下，趕快擺脫眼前的麻煩狀況。但要小心孩子迸出：「別再騙我，我才不是阿呆哩！」這句令你傻眼的話其實也在提醒你：「我已經長大了，別再騙我，我已經懂很多事了！」雖然在你眼中，孩子永遠都還是孩子。

請認真看待孩子的成長。**隨著孩子漸漸長大，試著用相對成熟的字眼，符合其心智年齡的話語，和他們互動。很少有孩子喜歡被認為永遠長不大的。**

請認真看待眼前的孩子，她已經不再是容易被你亂哄亂騙的小小孩了。認真看待，這是一種對孩子的尊重。

祕訣200

與孩子同步升級，隨時更新

童話，畢竟是童話。我們其實要高興孩子終於又長大了一些，連哄帶騙的戲碼需要落幕了。別期待能再使用哄騙的老套方式改變孩子的行為。

和孩子的成長同步升級吧！**我們得隨時更新對孩子的了解，修正並調整和孩子的互動方式。**當你在親職教養上同步更新了作業系統，孩子也可以明顯感受到你的改變。父母改變了，孩子的行為修正也不遠了。

祕訣201

隨時認錯，隨時有效

父母都希望孩子學會認錯，但父母都不太願意承認自己有錯。然而，有錯不承認，甚至於還想繼續與孩子過招、論輸贏，這樣的身教真的不好。

我猜，你的心正吶喊著：「可是她還只是讀幼兒園的孩子啊！」

父母認錯，是不必管孩子年齡的。隨時認錯，隨時有效。哪有面對幼兒園的孩子就可以例外的道理？

向孩子認錯，需要勇氣，但關係改善的後勁，很有威力。

秘訣202

看見童話裡的真諦

你可能感到有些挫折，心想：對於幼兒園階段的孩子來說，童話、故事、繪本和影片不是最適合他們的嗎？不但夠生動、有畫面、容易懂、富想像力、和生活經驗相連結、少道理，更何況，他們的接受度也高啊！怎麼現在孩子反而要求我別再欺騙她？

其實，你可以順著孩子的想法，接納她認為童話故事裡的小木偶是假的、不存在的。請別跟孩子爭辯小木偶的真假與對錯。或許透過《木偶奇遇記》，能夠讓孩子認識、了解與學習故事所要傳遞的訊息，例如：孩子如何面對困境、克服困難、解決問題、知錯能改，及關於誠實的成長等。

故事真假，不是重點。

問題三十九

【這位先生請讓坐】有些話，為什麼我們不敢說？

在新聞媒體或臉書上，常可見到一些正義達人的勇敢表現。對於眼前不公不義的事，例如好端端地卻占了博愛座的乘客，終於有人可以發出不平之鳴、正義之聲。

平時我們總是向孩子耳提面命，在搭乘交通工具時遇見老弱婦孺，記得要讓座，因為這是最基本的品德與禮貌修養。

但如果有一天，類似的事讓自己遇上了，在孩子的眼前，我們是否能鼓起勇氣說該說的話，做該做的事？

有些話，為什麼我們不敢說？

傍晚的尖峰時間，人潮擁擠。媽媽一下班便趕去幼兒園接鈞鈞，接著也顧不得車子人多，擠上了一班捷運。懷孕容易累，她只想帶著兒子快點回到家休息。

車廂果然很擠，媽媽一手牽著鈞鈞，一手緊抓著拉環，勉強站穩。位子當然都坐滿了，而眼前的一個博愛座，讓一個看來健壯的大叔占著。

念中班的鈞鈞指著大叔，出聲詢問：「媽媽，他為什麼不讓座？」

大叔原本炯炯張著的眼睛瞬間閉上，姿勢刻意顯現疲倦狀態，若無其事地繼續坐在博愛座上。

「媽媽，他為什麼不讓座？」鈞鈞又問。

媽媽故作鎮定，心想：「噓！小聲一點，這不關我們的事，不要再問了。鈞鈞，我們站著不是也很好嗎？可以練習平衡感啊！這年頭壞人很多的，不要沒事惹事啊。等等就會有人叫他起來，不要占據博愛座。」

然而鈞鈞得不到回應，繼續問：「媽媽，他為什麼不讓座？我在跟你說話，你怎麼都不回答？」

大叔調整一下坐姿，微微睜開眼瞪了他一下。

媽媽注意到這一點，無奈地心想：「鈞鈞啊，能不能請你忍一忍，不要再說了。你再問，我可是會血壓升高耶！」她發現自己握著拉環的手微溼。

鈞鈞擠在搖晃的車廂裡，困惑地望著眼前鬍碴未修、頭髮顯得凌亂的大叔。

「這位先生請讓坐！」突然，一位穿著制服的高中女生語氣堅定地出聲提醒。但大叔仍然閉目養神，不為所動。

鈞鈞抬頭望了望身旁的大姊姊，表情很是崇拜。

「這位先生請讓坐！」高中女生再次提醒。「這裡有小孩、有孕婦，請你讓座。」

女孩宏亮的聲音，讓其他乘客很有默契地全將目光集中在大叔身上，讓他有些坐立不安。

「這位先生請讓坐！」女孩又說了一次。

大叔這才站了起來，擺個臭臉，心不甘、情不願地往另一節車廂走去。

「這位先生請讓坐！」這句話的餘音迴盪在媽媽耳際，頓時讓她在孩子面前感到羞愧起來。

「為什麼這句話，高中女生敢說，我卻不敢？」

同時，她也苦思著待會要如何向孩子解釋「他為什麼不讓座」，和自己剛剛的沉默。

建立身教與示範的祕訣指南

祕訣
203

坦承自己的恐懼

大人對於說實話有顧慮，安全通常是擺第一，另外，多少也需要一些勇氣。眼見不合理的事，不是我們不說，而是我們「不太敢說」，理由當然還是安全顧慮，還有缺乏勇氣。

這令人感到有些無奈，特別是當一切都被孩子看在眼裡的時候。

「媽媽，他為什麼不讓座？」孩子很棒，對於眼前不合理的情況提出了質疑。只是孩子雖然催促自己，認為那個叔叔應該讓座，但重點是媽媽不敢跟對方說。

當孩子不斷地發出質疑：「媽媽，他為什麼不讓座？」我們是否要向孩子坦白說出自己心中的顧慮與畏懼？「知道該說實話，不等於敢說出實話」這樣的想法，我到底該不該向孩子表達？

或許你擔心，要是說明白了，不知孩子會如何看待我這個爸爸／媽媽。然而，**如果你選擇坦白說，這樣的勇於面對是該被肯定的。**敢於說出心裡的畏懼，其實也是一種勇氣的展現。

秘訣 204

關於正義化身的思考

「這位先生請讓坐！」高中女生都敢開口說了，為什麼我們卻不敢說？對於這當中的差異，我們該如何向孩子解釋？

「你看，這個姊姊好有正義感。」這一點，孩子也能判斷。但重點是，為什麼有正義感的不是爸爸或媽媽？**我們是否要向孩子坦承，是畏懼讓爸媽的正義銷聲匿跡了。**

別人的孩子有正義感，你會鼓勵。自己的孩子有正義感，你會焦慮。

如果孩子有一天突然告訴你：「媽媽，以後你不說，我來說！」請問這份正義感，你會不會留給孩子使用？

祕訣 205

讓說與做有交集

孩子在成長過程中，常出現許多疑慮，眼睛不斷浮現問號。當然，我們也不斷在幫孩子做澄清、說分明。那實話到底該不該說呢？例如當場告訴他：「叔叔不能占用博愛座。」

直到狀況發生時，你才發現講道理是一件事，實際遭遇又是另一回事。看到這裡，你是否有點心虛？自己說一套，做一套。嘴上叫孩子要老實說出自己的想法，心裡卻覺得安全第一最可靠。（這就是人性啊！）

當然，面對孩子對於這個社會的疑慮，你多少希望能夠讓「說」與「做」有所交集。那麼，請試著把自己的實際感受說出來吧！無論是害怕、焦慮、退縮、畏懼、擔心、不安、恐懼或生氣都無妨。這些情緒感受很真實，會浮現也很現實。

讓孩子了解你知道該說實話，也想要維持正義感，但目前卻也存在著讓自己裹足不前的負面感覺。如果，這是目前真正的你，就勇敢地讓孩子了解現在原汁原味的自己。當然，你也希望有一天自己可以充分發揮正義感。

讓說與做同步，在孩子的面前裡外一致。

祕訣 206

勇敢澄清孩子的疑慮

我們可以用這樣的方式來說明，有助於澄清孩子心中的疑慮。

「我知道你一定很疑惑，因為老師常常有提醒博愛座是給誰坐。你說得沒錯，我也知道那個叔叔該讓座。但是真的只能怪媽媽很虛弱，沒那個膽子叫他起來。他為什麼不讓座？或許也在於像媽媽這樣反應的人很多。所以那個叔叔就敢不當一回事，閉目養神繼續坐。

「那位高中姊姊真的很棒，做得很好，見義勇為，真的令人為她感到無比驕傲。我知道，媽媽這回真的做得不好。對於你的疑惑、我的怯懦，我真的十分懊惱。但我想跟你說，孩子，這回你真的問得很好。」

孩子的疑慮，需要我們勇敢地澄清。

面對，是親子彼此都在學習的一件事。

問題四十
【簽名請對自己負責】你沒寫，我怎麼簽？

「媽媽，你聯絡簿簽名了沒？」美伶問媽媽。

「你的數學習作還沒拿給我檢查，我怎麼簽名？」媽媽反問她。

「哎喲，你先簽就對了嘛。真囉嗦，我要整理書包啦，我想睡覺了。」美伶說。

「什麼先簽。你沒寫，我怎麼簽？寫作業是你的責任，更何況我得為我自己的簽名負責，不是嗎？」媽媽說。

「你很煩ㄟ，習作沒帶回來啦！不簽就算了，真囉嗦。」美伶索性把聯絡簿收了起來。

「美伶，我聯絡簿還沒簽名！」媽媽說。

美伶邊收書包，邊說：「是你不簽名的，還怪我？反正有簽、沒簽都無所謂。

到時候老師問了，我就說『媽媽忘記簽名就好了』。」

媽媽大叫：「什麼？你自己數學習作沒帶回來，還把責任推給我？」

「拜託，你就先簽名。數學習作等我明天早自習到學校再補不就好了，有什麼好大驚小怪的。」美伶說。

聽到這樣的回應，媽媽愣住了。特別是美伶對於數學習作沒帶回家寫，一副無所謂、沒關係和「你拿我沒辦法」的態度，讓媽媽一時感到招架不住。她無奈地在聯絡簿上簽了名，只是心裡面一直感到不踏實，總覺得自己做錯了什麼，或少做了什麼。

只見美伶一派輕鬆地收拾好了書包，接著大搖大擺往房間走去，準備睡覺。

媽媽對於自己的妥協感到有些自責，心想：「這下子，我似乎成了讓孩子對責任『無所謂』的幕後推手。」

「如果孩子從小就是這一副無所謂的態度，那麼長大之後……」單單想到這一點，媽媽的心就涼了一半。「現在孩子們的品格教育會這麼薄弱，或許都是從這些微不足道的小事開始，慢慢累積，而讓孩子對於該盡的責任逐漸鬆動，甚至崩盤。」

「要讓孩子學會對自己負責！」媽媽心中浮現了這個堅定的想法。「不管其他家庭裡的爸媽是如何簽聯絡簿的，至少在我們家，我要讓孩子知道，簽名這看似每天晚上都要進行的例行公事，卻代表著一種對自我的負責。」

她知道接下來該怎麼做了。

「媽，你要幹嘛？哎呀，我想睡覺啦！」美伶突然被拉起床，一臉不高興。

媽媽決定在她睡著前，要她起床把聯絡簿拿出來。然後，自己在上面註明：

「老師，您好。數學習作未帶回，六十九到七十一頁未寫，明天早自習補上。」

「媽，你寫這些幹嘛？我明天早自習補上不就好了嗎？很無聊耶，這也要寫。」美伶有些氣急敗壞地抱怨。

這回，媽媽試著沉住氣，語氣堅定地告訴孩子：

「這是我該負的責任。既然我簽了名，我就得充分地對自己負責。或許寫在上面的字讓你感到不舒服，但是很抱歉，這是你該面對及承擔的責任。」

建立身教與示範的祕訣指南

祕訣207　引導孩子感受慚愧不安的情緒
祕訣208　讓孩子體會問心無愧的自在
祕訣209　教孩子坦然面對眼前的責任
祕訣210　從細微的態度開始改變

祕訣207

引導孩子感受慚愧不安的情緒

我們最怕的就是孩子對說謊行為一副無所謂、沒感覺的樣子。少了負向感覺的牽制，孩子要形成自律的態度就相對困難。

慚愧也好，不安也好，請引導孩子細細去感受那股不舒服的情緒。

讓孩子回想，過去自己在什麼情況下曾有慚愧的感覺？這些感受很像內疚，與羞愧也相近。孩子是否曾經理虧，或做錯事而感到難為情？例如謊稱「媽媽忘記簽名」，卻被老師當場識破而覺得難堪。

不安呢？孩子是否有過一種擔心、害怕，內心像波浪般起伏而不平靜？這就像不小心把爸爸手機上重要的app刪除了。重點是自己沒經過他的允許，亂動他的手機。而麻煩的是，等會爸爸要用手機時就會發現了。

如果孩子不想要如此的慚愧與不安，請讓她知道：謊，還是少說為妙。

祕訣 208

讓孩子體會問心無愧的自在

生活中，有許多我們不太在意，而容易忽略的小事。當我們憑著良心自我覺察、自我反省、做該做的事、對自己負責，多少可以讓自己問心無愧，沒有任何的慚愧與不安。這一點，**需要我們每個人定期進行自我檢測**。

當爸媽感受到了問心無愧，也請讓孩子試著體驗這種自在、輕盈，像羽毛般輕飄飄飛起來的感覺。例如孩子寫完作業，檢查好了；家長確認無誤，簽好了名。彼此都完成了該負的責任，嗯，今晚好睡。

讓孩子知道，聰明的人會讓自己心裡少一點負擔。

祕訣 209

教孩子坦然面對眼前的責任

讓孩子知道，要把時間用來解決問題，而不是耗時間去逃避問題，甚至帶來下一個問題。

與其消耗時間，提心吊膽地擔心謊言被拆穿，倒不如聰明一點，做個深呼吸，坦然面對眼前的責任。縱使只是小小的習作放在學校，沒帶回家寫，也可以想辦法找同學問，或先謄寫在其他本子上，或者直接誠實告知爸媽沒帶回家，隔天再向老師說明並補上。

態度——這是一種態度。

面對孩子，請你以堅定的眼神看著她，讓她感受到你的態度，一種對自己負責的態度。

祕訣 210

從細微的態度開始改變

在一家店裡，如果你發現店家對於連客人不會注意到的細節都很講究，可以推測整家店對自我品質的要求及對服務客人的尊重，應該會在水準之上。

相同地，看一個人，也是如此。

誠實，藏在細節裡。**生活當中的細微處，在在反映著當事人面對自我的態度。而且，家長要先做到！**馬虎的家長，很容易教出馬虎的孩子，因為模仿對於孩子來說是最直接、最容易也最安全的。

請讓孩子感受到你對於細微地方的重視。更何況在大人的世界，簽名以示負責可不是小事。或許孩子會覺得你大驚小怪，甚至認為你很「機車」，但是畢竟對孩子來說，未來還有很多事物等待她去體驗與接觸。

提醒自己，如果孩子在細微的地方無所謂，久而久之，她不在意的態度就會讓人「有所謂」。品格的這道防線一定要守住，讓孩子學習如何對自己的行為負責。

清楚立界線，並徹底執行。

啟動品格教育，從細微的態度開始改變。

國家圖書館預行編目資料

為什麼孩子要說謊？——心理師親授的210個誠實力指南／王意中著 --初版.
--臺北市：寶瓶文化，2015.11
面； 公分.--(catcher；78)
ISBN 978-986-406-034-4(平裝)
1.親職教育 2.親子關係

528.2 104023897

catcher 078

為什麼孩子要說謊？——心理師親授的210個誠實力指南

作者／王意中 心理師

發行人／張寶琴
社長兼總編輯／朱亞君
副總編輯／張純玲
主編／丁慧瑋 編輯／林婕伃
美術主編／林慧雯
校對／丁慧瑋．陳佩伶．劉素芬．王意中
營銷部主任／林歆婕 業務專員／林裕翔 企劃專員／李祉萱
財務／莊玉萍
出版者／寶瓶文化事業股份有限公司
地址／台北市110信義區基隆路一段180號8樓
電話／(02)27494988 傳真／(02)27495072
郵政劃撥／19446403 寶瓶文化事業股份有限公司
印刷廠／世和印製企業有限公司
總經銷／大和書報圖書股份有限公司 電話／(02)89902588
地址／新北市新莊區五工五路2號 傳真／(02)22997900
E-mail／aquarius@udngroup.com

法律顧問／理律法律事務所陳長文律師、蔣大中律師
如有破損或裝訂錯誤，請寄回本公司更換
著作完成日期／二〇一五年九月
初版一刷日期／二〇一五年十一月二十六日
初版四刷+日期／二〇二四年三月五日
ISBN／978-986-406-034-4
定價／三二〇元

愛書人卡

感謝您熱心的為我們填寫，
對您的意見，我們會認真的加以參考，
希望寶瓶文化推出的每一本書，都能得到您的肯定與永遠的支持。

系列：Catcher 078　**書名：為什麼孩子要說謊？——心理師親授的210個誠實力指南**

1. 姓名：＿＿＿＿＿＿＿＿　性別：□男　□女
2. 生日：＿＿＿年＿＿＿月＿＿＿日
3. 教育程度：□大學以上　□大學　□專科　□高中、高職　□高中職以下
4. 職業：＿＿＿＿＿＿＿＿
5. 聯絡地址：＿＿＿＿＿＿＿＿＿＿＿＿＿＿＿＿＿＿＿＿
   聯絡電話：＿＿＿＿＿＿＿＿　手機：＿＿＿＿＿＿＿＿
6. E-mail信箱：＿＿＿＿＿＿＿＿＿＿＿＿＿＿＿＿
   □同意　□不同意　免費獲得寶瓶文化叢書訊息
7. 購買日期：＿＿＿年＿＿＿月＿＿＿日
8. 您得知本書的管道：□報紙／雜誌　□電視／電台　□親友介紹　□逛書店　□網路
   □傳單／海報　□廣告　□其他
9. 您在哪裡買到本書：□書店，店名＿＿＿＿＿＿　□劃撥　□現場活動　□贈書
   □網路購書，網站名稱：＿＿＿＿＿＿＿　□其他＿＿＿＿＿＿
10. 對本書的建議：（請填代號　1. 滿意　2. 尚可　3. 再改進，請提供意見）
    內容：＿＿＿＿＿＿＿＿＿＿＿＿
    封面：＿＿＿＿＿＿＿＿＿＿＿＿
    編排：＿＿＿＿＿＿＿＿＿＿＿＿
    其他：＿＿＿＿＿＿＿＿＿＿＿＿
    綜合意見：＿＿＿＿＿＿＿＿＿＿＿＿＿＿＿＿＿＿＿＿＿＿＿＿
11. 希望我們未來出版哪一類的書籍：＿＿＿＿＿＿＿＿＿＿＿＿＿＿＿＿

讓文字與書寫的聲音大鳴大放

寶瓶文化事業股份有限公司

（請沿此虛線剪下）

廣　告　回　函
北區郵政管理局登記
證北台字15345號
免貼郵票

寶瓶文化事業股份有限公司　收

110台北市信義區基隆路一段180號8樓

8F,180 KEELUNG RD.,SEC.1,

TAIPEI.(110)TAIWAN R.O.C.

（請沿虛線對折後寄回，或傳真至02-27495072。謝謝）